新 视 界

始于未知　去往浩瀚

产业变局

与

四个"铁三角"

王德培 ◎ 著

上海远东出版社

图书在版编目（CIP）数据

产业变局与四个"铁三角" / 王德培著. -- 上海：
上海远东出版社，2025. -- ISBN 978-7-5476-2125-7

Ⅰ. F121.3

中国国家版本馆 CIP 数据核字第 202581C0B0 号

出 品 人　曹　建
责 任 编 辑　季苏云
特 约 编 辑　郭晓丹　吴雪冰　丁　宇　师惠齐
封 面 设 计　许林云

产业变局与四个"铁三角"

王德培　著

出　　　版　上海远东出版社
　　　　　　（201101　上海市闵行区号景路 159 弄 C 座）
发　　　行　上海人民出版社发行中心
印　　　刷　上海丽佳制版印刷有限公司
开　　　本　710×1000　　　1/16
印　　　张　12.25
插　　　页　1
字　　　数　162,000
版　　　次　2025 年 5 月第 1 版
印　　　次　2025 年 5 月第 1 次印刷
ISBN　978 - 7 - 5476 - 2125 - 7 / F·762
定　　　价　58.00 元

序言篇

⬇

谁在影响百年产业变局

产业大变局正在颠覆、重构过去上百年来的产业经济理论。究其原因，产业经济理论探索的时代背景变了：由经典向非典性转变，从微观向中观、宏观转变。放眼未来，在影响因素全排列的相互作用下，产业大变革呈现螺旋式上升态势。在此过程中，沿着从宏观到微观的顺序递延，决定产业大变局演进的主线是四个"铁三角"。

第一章　产业经济理论被颠覆

科技革命催生技术革命，技术革命引发产业变革，这是历史发展规律。而今，伴随新一轮技术革命奇点的临近，世界进入前所未有的产业大变革时代。这些深层次的产业变革有的刚刚显露苗头，比如人类首次植入脑机接口芯片；有的蓄势待发，前有特斯拉 FSD① 迈向百亿英里（1 英里 $\approx$ 1.61 千米）新里程，后有人形机器人有望成为继智能手机、新能源汽车后的颠覆性产品；还有的正形成滚滚洪流，典型如生成式人工智能（AIGC）② 引爆智能化变革，对各个行业的改造将持续数十年。

然而，应用端有多热闹，产业经济理论端就有多冷清。在欧美，主流的

---

① FSD，即 Full-Self Driving，中文译为"完全自动驾驶"，是特斯拉研发的自动驾驶系统。2021 年，特斯拉正式发布 FSD Beta 版。2024 年 3 月 31 日，特斯拉向美国部分用户推送 FSD V12（Supervised）版本。特斯拉首席执行官马斯克将 FSD V12 描述为"端到端人工智能"，采用"光子进入、控制输出"，强调其在真实世界场景中做出复杂决策的能力。

② AIGC，即 AI-Generated Content，中文译为人工智能生成内容，指基于人工智能通过已有数据寻找规律，并自动生成内容的生产方式。在狭义上，AIGC 是指利用 AI 自动生成内容的生产方式，比如自动写作、自动设计等。其中，内容生态发展可以分为四个阶段：专家生成内容（PGC）、用户生成内容（UGC）、AI 辅助生产内容及 AI 生成内容（AIGC）。在广义上，AIGC 是指像人类一样具备生成创造能力的 AI 技术，它可以基于训练数据和生成算法模型，自主生成创造新的文本、图像、音乐、视频、3D 交互内容等各种形式的内容和数据。

产业经济学也被称为产业组织学。产业组织理论的起源最早可追溯至英国古典政治经济学家、自由市场的缔造者亚当·斯密提出的劳动分工理论和竞争理论。1881 年马歇尔首次提出产业组织概念，随后 100 多年来，产业经济发展理论持续深化。

一是从宏观层面分析研究经济社会中整个产业体系的发展变化，包括库兹涅茨的产业结构演变规律，刘易斯的二元经济结构模式，以及赤松的产业转移"雁形学说"等。

二是从中观层面分析产业关系，包括产业关联理论、产业链、产业集群等发展变化。典型如波特提出了著名的钻石模型、产业集群等。

三是从微观层面分析产业经济发展。既包括三大代表性学派（哈佛学派、芝加哥学派和新产业组织理论）以市场结构、行为、绩效和组织政策为框架相继提出研究范式，也包括费农围绕产业发展总结出的产品生命周期理论、产业边际转移理论等。

总体看，产业经济理论经历了从微观经济理论的成熟到宏观经济理论的形成，再到产业结构理论的产生这一演进过程。到目前为止，产业经济学理论体系总共形成 4 个理论分支，分别是组织、结构、发展、管理（见表 1-1）。

表 1-1　产业经济学理论

产业经济学理论体系	产业组织理论	企业组织理论	企业理论：企业性质、规模与边界
			企业组织结构：企业组织类型、产权安排及其功能和绩效
		SCP 分析框架	市场结构（S）：结构类型与影响因素
			市场行为（C）：行为类型与影响因素
			市场绩效（P）：评价方法与指标体系
			博弈分析与寡头市场竞争行为

（续表）

		产业结构演变	结构演变与经济发展的关系
产业 经济学 理论体系	产业结构理论		结构演变的影响因素分析
			结构演变的趋势与规律
		产业关联分析	产业关联与投入产出
			产业关联分析的基本工具
			产业关联分析的基本内容
		产业空间布局	产业分工与布局理论
			产业空间布局的影响因素与机制
			产业空间布局的模式与效果评价
	产业发展理论	产业发展 基本理论	经济增长理论
			可持续发展和科学发展理论
			产业生命周期理论
		转移、融合 与聚集	产业转移理论
			产业聚集与产业集群
			产业融合理论
		重点产业 发展问题	重点产业发展情况分析
			高新技术与战略新兴产业发展
			产业竞争力分析
	产业管理理论	产业规制 （管制）	产业规制的理论依据
			重点行业的政府规制措施
			规制体制与制度改革
		产业政策	产业组织政策
			产业结构政策与产业布局政策
			产业技术政策
		行政管理	行业协会
			行业规范
			其他

只不过，从本质上讲，近百年来，产业经济理论并未取得任何实质性的突破。其理论创新大多是建立在 20 世纪的基础理论之上，基于已有的分析框架而作出一系列的拓展、完善或补充。例如，哈佛学派提出经典的 SCP（市场结构—市场行为—市场绩效）范式，是以新古典学派的价格理论为基础；新产业组织理论则扩展了传统产业理论经济的假设，是在进退无障碍理论、交易费用理论和博弈论等基础上发展起来的。即使是与哈佛学派观点针锋相对的芝加哥学派，也依旧困囿在传统思维惯性中：前者认为市场结构决定市场行为，从而决定市场绩效，造成社会福利损失，因而强调政府干预；后者则认为是市场绩效和市场行为决定了市场结构，反对哈佛学派所主张的政府干预市场结果。

到了今天，伴随时代发展，与数字经济、人工智能（AI）等新兴产业相关的研究文献浩如烟海，例如研究 AI 对劳动力、工资和就业需求的影响框架等。但面对科技产业的指数级发展，特别是在许多前沿领域进入"无人区"后，学术理论研究明显落后于创新发展实践。这样不仅难以理清新兴产业发展的底层逻辑，站在不同学科立场、专业视角、利益关系上也往往难以得到整体性说明。甚至于，大量研究存在较严重的内生性问题，例如，一些文献将新兴产业的创新作为被解释变量，而另一些文献又将创新作为新兴产业发展的解释变量，双向因果问题明显。

殊不知，追根究底在于，产业大变局正在颠覆、重构过去上百年来的产业经济理论。

一、SCP 范式理论[①]的颠覆：科技从外生变量转向内生变量。1941 年，

---

① SCP 分析模型（Structure-Conduct-Performance Model，结构—行为—绩效模型）由美国哈佛大学产业经济学权威贝恩（Bain）、谢勒（Scherer）等人于 20 世纪 30 年代建立的。该模型用于分析行业或者企业受到外部冲击时，可能的战略调整和行为变化，其基本含义是，市场结构决定企业在市场中的行为，而企业行为又决定市场运行在各个方面的经济绩效。

产业经济学作为一门学科被正式引入大学，自此，SCP范式成为主流产业经济理论的主题范式和基本框架，直到现在依然如此。然而产业大变局之下，SCP范式基石被釜底抽薪——SCP范式忽视了企业内部效率和技术等评价体系，是以一种静态的眼光看待市场结构。而今，颠覆性技术不仅改变了新古典理论框架体系，将原先被视为外生的科技等变量引入研究核心，还内置技术跨界交叉融合的发展趋势，打破了传统产业的一般演化规律。

二、产业生产要素的颠覆：以智力资源取代自然资源。如果说土地是农业时代的原材料，石油是工业时代的原材料，人口、土地、资本等传统生产要素是以往支撑世界经济发展的前提和基础，那么信息时代，数据成了"新石油"，互联网、算力成了"新基建"，算法成了"新内燃机"，对整个经济体系产生渗透和重构。产业大变局最主要的标志就是数字、数据成为产业发展中最主要的资源、资产和推动力。而且，数据是无处不有、无时不在，又可无限复制、无限再生的资源。这不仅意味着"资源稀缺论"正在或已经寿终正寝，还意味着科斯定理中"产权是资源配置的动力，没有产权就没有动力"，资源基础理论中"资源在企业间是不可流动的且难以复制"等核心观点的前提在某种程度上被抽空。

三、产业价值观的颠覆：从以盈利为中心向以社会责任为中心转变。以往西方主流产业经济学之价值观最根本问题之一是只讲经济效益，不讲社会责任。而今产业大变局之下，相较于市场经济注重局部经济利益，社会经济（详见专栏1-1）开启：不仅ESG①时代的到来让利他思维在企业战略中日益凸显，而且AI"机器换人"对劳动力就业市场带来冲击性影响，倒逼企业承担起部分社会责任。正因如此，早在2019年，包括贝索斯、库克等在内的美国近200家顶尖企业的首席执行官集体发声：一个美好的社会比股东利益更

---

① ESG，即Environmental，Social and Governance，又称为环境、社会和公司治理，是从环境、社会和公司治理三个维度评估企业经营的可持续性与对社会价值观念的影响。

重要，并重新定义了公司运营宗旨，即股东利益不再是一个公司最重要的目标，公司的首要任务是创造一个更美好的社会。显然，当企业的社会属性激活时，过往产业经济理论下经济利益至上的单一价值观自然也就开始走向消逝。

四、产业经济运行过程中的模式、主体、模式等方面面临颠覆性变革。突出表现为：一是产品形态创新。现有产品创新理论聚焦于产品的更新换代和全球转移范式，但数智技术正改变产品形态，如让制造业从传统的生产产品向数字化的"生产＋服务"转变。二是市场主体观的变革：从企业主导向顾客（用户）主导转变。最为重要、最为关键的是用户需要决定市场、决定生产。这正如张瑞敏所说：消费者正在以其鼠标管理、指挥着公司运营。三是商业模式变革。平台逐步由一种商业现象发展为一种经济形态。例如，Google 将用户的搜索行为转换为最具丰富价值的广告；Facebook 是世界上最流行的媒体所有者，却不创造内容。

专栏 1-1：社会经济

社会经济是由福卡智库提出的新经济形态，是建立在市场与国家基础之上的拾遗补缺，在市场经济和国家经济难以覆盖的领域发挥作用。这是因为，世界经济支离破碎，现有的任何单一模式都难以稳住多变的经济，历史演化迫切需要横空出世一种综合模式，能收敛住动荡的经济乱象。

按照几何原理中稳定的三角结构形态，引领未来的将是由"市场经济""国家经济""社会经济"共同构成"三元经济"结构。其中，市场经济是以市场自由竞争为主，讲究效率；"国家经济"是以国家为主导，讲究公平；"社会经济"既区别于单一追求纯市场调控、企业利润最大化的市场经济，又区别于政府主导、国家埋单的国家经济，它能弥合二者均无法触及之领域，提升整体社会福祉，确保整个社会的稳定。

　　国际货币基金组织（IMF）的一份报告认为，全球40%的就业机会将受到人工智能的影响。发达经济体中受机器学习因素影响的就业比例将增至60%，其中约一半因素是负面的。失败者将面临更低的工资、更少的就业机会，有些工作甚至可能完全消失。在一个对人力工作需求不大的世界里，尤其在市场经济、国家经济难以容纳足够就业的时候，必须要有基本收入确保生存。信息经济时代，社会经济被互联网、机器人、人工智能等"逼上"历史舞台。企业群体、社会组织、国家机构将合力为社会提供量大面广且具备社会公益性质的就业机会，如社会养老、社区管理、非营利性基层公共服务以及过渡性就业安置等。

第二章　影响因素全排列

过去，产业经济理论依据工业革命而延伸，且更多的是从经典的微观视角进行研究。这就导致其理论分析更多聚焦于微观产业发展本身，很难从整个经济发展体系的中宏观角度来研究。然而，产业大变局时代，产业经济理论探索的背景发生了两大转变：

一是由经典向非典性转变。既有产业边界日渐模糊，颠覆性技术在交叉融合中突变；又有跨界"打劫"，"干掉你的往往不是同行对手"，还有气候危机、环境污染等突变因素……变局时代充满了易变性、不确定性、复杂性和模糊性，这些"非典"因素搅得产业变革愈发复杂化、非典化，线性、周期性的经典发展路径已经走不通。

二是从微观向中观、宏观转变。过去，虽然凯恩斯和哈耶克围绕政府干预和市场自由展开世纪大辩论，但从整体看，主流经济学惯以对政府干预给出种种批评。而今，无论是 AI、算力成为国家新型基础设施，还是产业变革的颠覆性（如带来国家实力的此消彼长），都表明产业变革需要中宏观层面的积极干预。正如 2022 年美国拜登政府发布的《国家安全战略》报告，专门强调"不能单靠市场力量，21 世纪的全球经济中，国家产业战略投资是工业发展与创新的基础"。也正因如此，IMF 研究指出，2023 年全球共出台 2 500 多项（约是 2019 年的 3 倍）产业政策，超过三分之二的产业政策扭曲了贸易。其中，大部分产业政策是由最富有、最发达的发达国家推出，补贴则是最常用手段。

说到底，世易时移，不能靠过去的理论回答未来。那么，究竟谁在影响百年产业变局？以全息全维的角度将当下影响因素全排列，主要有：

一、国家。盖因产业大变革内置综合性的科技全要素竞争。因而，谁拥有的要素越多，谁就能占据更大优势。这也就意味着，大国命中注定有机会在纵横交织中率先引领。反之，在地广人稀、产业纵深不够等先天束缚下，中小国家只能聚焦在某一产业中。典型如，电机、变压器、二极管等关键性技术发明源于英国，但由于市场狭小，英国无法支撑规模化生产；相反，美国凭借消费市场足够大、技术应用场景足够多，成为彼时产业变革的领导者和塑造者。

二、经济制度安排。历次产业革命和历史教训告诉我们，面对正在兴起的产业革命所带来的巨大挑战和机遇，关键问题在于制度。这不仅需要与之相适应的经济制度改革，还需要做好经济制度上的顶层设计，具备"一张蓝图绘到底"的条件。例如，英国在 1865 年最早发明了汽车，但《机动车法案》（后被称为《红旗法案》）等规定阻碍了其推广应用，结果反倒由德、法、美三国汽车产业后来居上，由此英国错失了引领汽车产业变革的机遇。

三、能源与气候。盖因全球"碳达峰"与"人达峰"的交汇叠加，将碳减排、碳中和顶在杠头上，不仅重置全球产业结构，更倒逼新旧能源结构转型：高碳及传统化石能源行业大幅萎缩，以清洁能源为代表的未来绿色产业快速发展。而且，AI 的根本是算力，算力的极限是能源（详见专栏 2-1），由此，能源是支撑人类进入下一个文明等级的究极问题。

四、科技文明。科技革命催生技术革命，技术革命成为引发产业变革和经济增长的新引擎，这是经济文明主要的进化轴向。由此，科技经济成为 21

世纪经济发展的本质（详见专栏 2-2），人类进入科技文明及其带来的多维度重构，呈现出由点到面、跨界颠覆、立体集成等特征。其中，在格式化各行各业中，AI 成为让科技文明加速到来的核心驱动力；未来生命医药则把通过基因编辑技术①的"造物主化"，引领世界进入"仿生、创生和永生时代"。

五、去全球化。近年来，伴随全球产业链重构，中美的对外贸易均出现结构性调整。例如，2024 年 6 月，美国方面，中国从美国的第一贸易伙伴降为美国第四大贸易伙伴；中国方面，东盟出口份额超过美欧，成为中国第一大出口伙伴。显然，贸易和投资流正在沿着地缘政治路线重新调整方向。去全球化正在影响甚至主导全球产业变革，其复杂性的提升，不仅会削弱专业化带来的效率收益，限制规模经济并减少竞争，更对包含领先者与潜在颠覆者在内的所有创新主体带来约束。

六、地缘战争。计算机信息技术是第二次世界大战需求下的产物；无人机、星链技术在俄乌战争中大放异彩……地缘战争将赋能本就与军事技术高度相关的生物医药、航空航天等产业"更上一层楼"，甚至产生颠覆性创新。比如生物战方面，大数据、基因技术让研制针对特定种群的新一代生物武器成为可能。

七、"新大陆"探索，如太空。从颠覆思维的太空育种、火星种植，到太空能源和生存空间探索，太空探索既催生颠覆性技术变革，还以强大的带动效应赋能下游产业链。正如西班牙科学家茵玛·马丁内斯在其著作《第五次工业革命》中所言：太空探索将带领人类经历一场由太空技术引领的工业革命。

八、超级企业。在前 100 大经济体里只有 30 个是国家，70 个是跨国企业。其中，美股科技七巨头，不仅在技术研发上"内卷"，如 OpenAI 要突破

---

① 基因编辑技术是一种革命性的生物技术，用于修改生物体的基因组。它基于多种工具，使科学家能够针对特定的基因序列进行精确的编辑改变。

极限，马斯克"不关心技术壁垒，只关心创新速度"，还在市场份额、用户数据等方面进行全方位角逐。可以说，凭借强大的技术实力和雄厚的资本基础，超级企业在狂飙争霸中带来突破与创新，推动世界前进。

综上，八股力量的方向、力度虽各有不同，却依然能够通过合力来透视未来趋势。从上升角度看，各因素之间的正向交互往往会吸引更多资源要素进入产业变革体系中，在由点到线、由线到面中带来多角度的动力支持；从下降角度看，去全球化等抑制性因素或将使产业发展"道阻且长"。如此一来，在影响因素全排列的相互作用下，产业大变革呈现螺旋式上升态势。

专栏 2-1：AI 的能耗之殇

人工智能技术在台前展示的是比特世界的算力、算法、数据，但其"轻盈的灵魂"背后则是土地、能源、水等物理世界"沉重的肉身"。

究其原因，一方面，训练大模型需要的参数越多，用于训练的功耗就越大。AI 模型训练，就像是在教电脑学会理解和处理非常复杂的问题，往往需要涉及模型内部的数十亿甚至数千亿的参数。另一方面，大模型的推理过程也是一个持续消耗电力的过程。芯片研究公司 SemiAnalysis 研究报告称，使用大模型进行问题搜索所消耗的能源是常规关键词搜索的 10 倍。此外，大量的碳排放和数百万加仑淡水的消耗也不容小觑。比如，人工智能的耗水主要体现为冷却、发电用水、生产芯片用水等。

一个可以预见的事实是：只要 AI 继续沿着"参数越大，能力越大"的技术方向走下去，那么下一代更强的通用模型，在能耗上必然是倍增的。国际能源署（IEA）2024 年 1 月发布报告称，2022 年全球数据中心的总耗电量约 460 太瓦时（1 太瓦时 $= 1 \times 10^9$ 千瓦时 $= 10$ 亿度），约占全球用电量的 2%；到 2026 年，这一数据将超过 1 000 太瓦时，大约是整个日本 2022 年全年的用电量。

专栏 2-2：科技经济引领科技文明

作为最独特、最重要的人类成就，科技经济正成为推动人类社会发展的原动力，并呈现出与以往经济文明截然不同的新特征。

一、从深度上看，以往具体的经济文明往往得益于某一领域的单点突破，而到了科技文明阶段，则能够获得叠加性进步的力量——当下科技突破正进入由点到面、交叉汇聚、立体集成的新阶段。人工智能、区块链、超算等强强组合形成的以指数级速度迭代的技术革命，正在像多米诺骨牌般向数字生物学、药物研发、金融服务、制造和交通运输等各领域蔓延。科技经济的发展过程，正是不断吸收新的视角、新的思潮、新的解释，进而产生新观念、新内容、新范式的过程。

二、从广度上看，以往的经济文明演化关键在于抓住主要矛盾及矛盾的主要方面。如今，现存的主要矛盾及矛盾的主要方面很难收敛于某一个技术方向。不计其数的先进技术被发明创造出来并广泛地造福人类。例如以下"ABCDEFG"：人工智能（AI）、区块链（Block Chain）、云计算（Cloud Computing）、大数据技术（Data Technology）、边缘计算（Edge Computing）、第五代移动通信技术（Fifth Generation Mobile Communication Technology）、图形处理（Graphics processing）……甚至可以按照字母表的顺序一直列下去。

就此而言，科技经济已成为 21 世纪经济文明发展的本质。科技文明区别于前三个文明，相较于农业、工业和 IT 经济的产业特征明确，科技文明则围绕科技赋能所有行业，升级实体的同时让一切"面目全非"。

现阶段我们正处于科技文明初期，按照经济基础决定上层建筑的逻辑，作为时代发展的新脉络，科技文明正在、而且必将进一步重构人类的多维度文明，无论是政治、经济、文化还是社会的发展都将深深打上科技的烙印。

第三章 四个"铁三角"

　　产业发展一直是经济学研究的核心议题之一，其复杂性和动态性吸引了众多学者的关注。从早期的产业结构理论到后来的内生增长理论，学者们不断尝试揭示产业发展的内在机制。然而，百年未有之大变局时代，传统理论在解释当代产业发展现象时越来越显得力不从心。特别是，它们往往过于关注单一因素的作用，难以捕捉产业发展过程中的复杂互动和非线性特征。

　　总的来说，本书旨在提出一个更加全面和动态的理论框架——产业变局"铁三角"，以更好地解释和推演产业发展。这一理论的核心观点是，变局时代，产业发展是由多个关键维度因素共同作用的结果。具体而言，我们关注了四个关键维度——沿着从宏观到微观的顺序递延，决定产业大变局演进的主线是四个"铁三角"：美国、中国和科技文明；经济周期、国民禀赋和地缘经济；颠覆、未来和跨界；偏态、生态和矩阵。

　　之所以选择这四个"铁三角"，是基于对产业大变局底层逻辑的系统梳理和对产业变革趋势的观察。它超越了传统理论过于关注单一因素的局限，揭示了产业变革中的非线性特征和质变机制。

　　正所谓"一图胜千文"，围绕着产业大变局这个主题，本书试图把复杂问题简单化，在抽丝剥茧、归纳整理中打造出产业变局"铁三角"的思维导图

（详见表3-1）。其中，第一个"铁三角"（美国、中国、科技文明）阐述"谁在主导"，第二个"铁三角"（经济周期、国民禀赋和地缘经济）揭示"产业变局的底层逻辑"，第三个"铁三角"（颠覆、未来和跨界）讲述"产业变局的方向"，第四个"铁三角"（偏态、生态和矩阵）在于如何"认识、穿透、把握变局"。

表 3-1 产业变局"铁三角"的思维导图

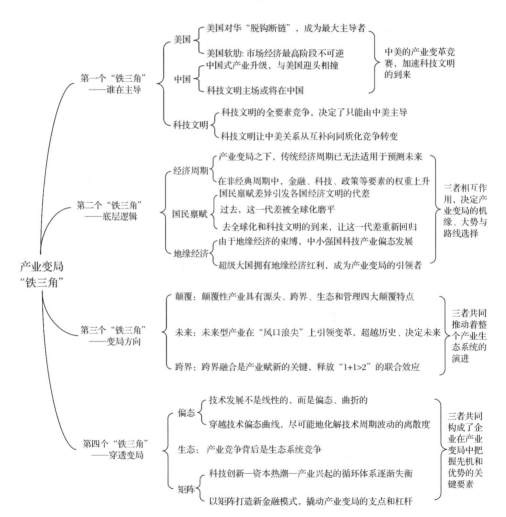

进一步而言，这四个"铁三角"在产业变局演进过程中并非单独作用，而往往是几个变量同时存在，相互耦合交杂在一起，形成不同的排列组合，导致产业发展呈现不同的变化趋势。

例如第一个、第二个和第四个"铁三角"在产业变革不同阶段的耦合交叉。当科技文明处于发展初期，面对高科技产业无限的资金投入和科技创新"九死一生"的规律，中美都占据国民禀赋、地缘经济等维度上的整体优势。但总体上看，美国市场经济最高阶段不可逆，面临国策调整的长期化，中国则率先开启复式时代，更可能率先打造矩阵式的新金融模式，在全球产业变革整合中显示出更强的生态性和协同性。与此同时，由于国民禀赋、地缘经济等现实束缚，发展中国家可能需要更加关注产业变局中的地缘迭代和经济文明代差，化为"小草"与"大树"在生态中相辅相成，并通过这一途径提升在全球产业变革中的参与维度。

再如第一个、第三个和第四个"铁三角"在产业变革不同阶段的耦合交叉。科技文明带来颠覆未来、跨界融合的共生共创，只有超级大国的体量才能与之同频共振。其中，美国在新兴颠覆性科技领域领先一步，中国的独有优势则在于多条腿走路与集成式创新，在协调推进、跨界集成中产生"1＋1＞2"的效果。由此，中国式产业升级，与美国迎头相撞，中国企业被顶在杠头上，不得不经历一次深刻的竞争方式转型——从专注于效率和狼性、致力于消灭竞争对手的种内竞争思路，转向强调新生存空间和独特竞争力的种间竞争思路。更关键的是抓住超级大国红利，通过偏态、生态、矩阵这三个关键词的赋能，适应产业变革、主动营造和改善环境，企业才有希望迎来从要素红利到超级大国红利的凤凰涅槃。

说到底，四个"铁三角"相互耦合交杂在一起，成为产业变局既绕不开又不得不破解的关键。此外，以前瞻性的认知看，未来还将不断涌现出技术、信息等新变量。每新增一个变量，排列组合就会呈指数级增长，把产业变局带入更加颠覆、难以预测的非常态。

　　如何才能在变幻莫测的"魔方"中把准方向？其要点无疑也在"变"与"不变"间。如果说平行四边形的对角线把平行四边形分成四个三角形，那么，面对新增变量的层出不穷，无论形势多复杂，内外变量多繁杂，总有一条纲举目张的斜率线（即对角线）内置其中。变化的是市场，不变的是对角线逻辑，即各个变量要素的对角线构成了产业大变局的基本走向。因此，对国家、产业乃至企业而言，顺应潮流、符合对角线内在发展规律的战略获得成功的概率将更大。

第一篇

↓

第一个"铁三角"

——谁在主导

第四章　美国—中国—科技文明
的"铁三角"格局

如果说英国、美国、工业文明是上一个产业大变局的主角，那么美国、中国、科技文明则率先共同构成此次产业大变局的第一个"铁三角"。其中，科技文明的全要素竞争特征注定了只能由中美主导；科技文明让中美关系从互补向同质化竞争转变；中美你追我赶、贴身肉搏的产业变革竞赛，将加速科技文明的到来。

中美竞争根源：科技文明

回顾过往，英国、美国、工业文明共同构成上一个产业大变局的"铁三角"。彼时，凭借飞梭与蒸汽动力的结合，英国一跃成为全球工业中心。在独立战争后，美国对英国技术进行系统性地引进和模仿，包括产业靠补贴，贸易靠保护，技术靠模仿，人才靠引进等。对此，英国毫不懈怠，既禁止关键技术和人才出境，又从法律到政策，试图全面封锁美国的产业升级之路。

随后，美国通过搭建科技情报网络以及优惠的移民政策等，成功实现了后来者居上，成为英国人眼中的"入侵者"。1901 年，也就是维多利亚女王去世的那一年，一个叫麦肯齐的英国记者写了本轰动一时的书《美国入侵者：其计划、策略和进展》，书中写道，"美国工业入侵导致，他们几乎控制了过去 15 年内新生的所有行业……伦敦生活的主要新特点，电话、留声机、汽车、打字机、楼房里的电梯，上述每个领域美国制造商都是一流的，在好几个领域还处于垄断地位"。当时美国的垄断巨头，个个富可敌国，洛克菲勒控制着全球 90% 的炼油产能，卡耐基一家的钢铁产量就超过了英国，摩根的财力足以比肩整个国家银行。

而今，在新一轮科技与产业大变局之际，类似的剧情再一次上演。

一方面，中国正迈向后工业化阶段，开始打破美国主导的全球产业分工格局。以前，美国公司将生产搬到中国，或者外包到中国加工生产，然后再返销到美国，由此形成中国生产、美国消费的现象。如今，伴随中国产业升级，以华为、大疆、比亚迪、商飞为代表的中国企业在创新中逐步赶超美国；从光伏到新能源汽车，中国的绿色产业开始替代欧美传统支柱性产业。因而，从 2024 年初开始，西方媒体开始连篇累牍地报道一个话题——"中国冲击2.0"。华尔街日报预警称，"与以往的中国冲击不同，中国现已攀升到价值链的更高端，第二波冲击的结果可能截然不同"。

另一方面，从疯狂模仿到集成创新，中国科技正以惊人的速度追平甚至赶超美国。在过去的几十年里，中国以极快的步伐迎头赶上：不仅"吃干榨净"了以往工业革命的成果，在钢铁、化工等制造业部门，中国做到了全球规模最大和几乎最强，而且"紧跟死咬"AI、量子计算、太空通信等颠覆性创新。即使是最短板的集成电路，中国也在疯狂补课。由此，中国科技创新事业发生整体性逆袭。2024 年 6 月 12 日，英国《经济学家》杂志发表的文章中提到，从高引用论文占比和"自然指数"两个参数看，中国已经成为科学的超级大国，美国、欧洲、日本的主导即将结束。世界知识产权组织

（WIPO）发布《2023 年全球创新指数》报告显示，在创新产出方面，中国在国内市场规模、劳动生产率增长的百分比、创意产品出口在贸易总额中占比等 6 个指标上名列全球首位。

也正因如此，当美国率先开启新一轮产业大变革时，中国几乎是全球唯一能够与之竞争的国家。这也就意味着，美国、中国、科技文明共同构成当下产业大变局的第一个"铁三角"（见图 4-1）。

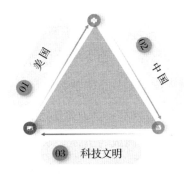

图 4-1　产业大变局第一个"铁三角"

其一，产业空心化之下，美国率先打破全球产业布局，以支撑美国产业革命红利的培育和释放。过去几十年，伴随美国市场经济发展到巅峰，美国将制造业逐步转移至东亚，导致了美国经济金融化和产业空心化。结果，当第四次科技革命①来临时，尽管美国的颠覆性创新冠绝全球，以苹果、英伟达、SpaceX 等为代表的企业，在半导体芯片、人工智能等方面有着最强劲实力，但其技术创新缺乏足够的产业转化和应用场景。于是，美国抛出"吃亏论"，认为"接触"是问题根源所在，中国受益最多，因而要关上其敞开的大门。它不仅对内实行产业政策，力推美国制造业回流，还对外集结盟友，阻遏中国产业发展和技术升级。显然，美国正将自身内部问题外部化，试图在遏华的同时，培育其国内新一轮产业革命红利的释放，不自觉地成为影响产业变局的最大因素。

① 第四次科技革命，亦称"第四次工业革命"，是继蒸汽技术革命、电力技术革命、计算机及信息技术革命之后的又一次科技革命。它以芯片技术、石墨烯、基因技术、虚拟现实、量子信息技术、可控核聚变、清洁能源以及生物技术等技术为突破口。当前，我们正处于人类有史以来发展最快的时代。第三次科技革命正在向纵深、更高层次发展。同时，第四次科技革命也悄然发轫兴起。二者并行不悖，相交相融，相辅相成，犹如两股浪潮推动世界这艘巨轮的前行。

其二，中国强调科技自立自强和科技安全，通过创新驱动高质量发展，以新质生产力迎接新一轮产业大变革。中国的非典性在于，一是相较美国还在经典市场经济最高阶段，中国已进入大市场与大政府相结合的复式经济（详见专栏 4-1）阶段。二是中国拥有全球最为完整产业体系、超大规模的国内市场、自成一体的高科技体系、"大一统"的政治体制、集中力量办大事等独特的综合优势。而 AI 等智能产业体系的基础是必须标准统一、市场统一，同时需要强大的国家组织和动员能力去构建基础设施。如此一来，中国与之天然匹配，尤其是当把数据、应用场景等结合起来，就能推动产业迭代，对产业变革形成巨大牵引力。基于此，中国在未来有可能掌握更大的主导权，甚至超越美国成为引领全球产业革命的领头羊。

其三，科技文明是对各行各业的釜底抽薪，既是产业大变革的"最初一公里"，也是破解和梳理产业大变局的底层逻辑。产业大变局之下，工业文明的专业性、稳定性，以及各行各业的行业周期性，逐步让位于科技文明的突破、迭代和颠覆。基于此，当下正进入一个新的文明——科技文明。相较过往，这将是一次集科学革命、技术革命和产业革命三大革命于一身的、"完整意义"上的复合型科技与产业革命，并蕴含着巨大的经济利益和社会利益。尤其是，AI 等颠覆性技术正在指数级迭代中成为经济发展的新引擎，撬动科技文明的出现。普华永道预测，到 2030 年，AI 将使全球经济增长至少 14%，约 15.7 万亿美元。互联网数据中心（IDC）预测称，到 2030 年，AI 将为全球经济贡献 19.9 万亿美元，推动 2030 年全球 GDP 增长 3.5%。

中美在交锋中共赢未来

美国、中国、科技文明共同构成产业大变局的第一个"铁三角"。在此过程中，三者的内在关系是：

一、科技文明的全要素竞争特征注定了只能由中美主导。科技文明以数字化、智能化、信息化和网络化为特征，内置综合性的科技全要素竞争——既需要超大规模的技术积累和创新实力，又需要超大产业基础、超大规模协作、超大资金投入等要素的协同发展。这之中，相较日、德、法等国的先天束缚，中美两国不仅都拥有相当的技术积累、市场规模和完备的信息基础设施，两国经济总量超过世界 1/3、人口总数占世界近 1/4、双边贸易额约占世界 1/5。这也就决定了，作为世界两个头号超级大国，中美当仁不让地成为科技文明的推动者和主导者。

二、科技文明时代，让中美关系从互补向同质化竞争转变。过去，中国开启工业化浪潮，而美国进入现代消费型社会，因而中美产业高度互补。而今，中国从劳动密集型产业走向技术密集型产业，汽车等产业升级已触碰到美国的产业生存空间。放眼未来，伴随科技文明的赋能，中国一旦再让产业升级下去，必将与美国技术密集型产业构成同质化，取代美国航空发动机、半导体等诸多高端产业。这也是美国举国家之力遏制中美关系这一发展趋势的原因所在。

三、中美这种你追我赶、贴身肉搏的产业变革竞赛，加速科技文明的到来。中美创新体系正从"互补"向"竞争"转型，并在部分领域出现"斗争"倾向。如在中美专利合作、知识产权贸易总额与结构等方面都出现收缩趋势。其中，美国长期以来在科学技术创新研发领域占据领先地位，中国在大规模应用中把高科技产品变成"白菜价"。与此同时，美国对中国产业升级的全力打压和"死磕"必然会倒逼中国通过自我发展寻求突破，最终形成生态闭环。可以说，正是中美这种产业升级与变革之争，让科技文明加速到来。

以此看出，作为产业大变局的前三大宏观变量，美国、中国和科技文明在交织共生中推动世界走向未来。在此过程中，科技文明会引发传统产业被颠覆与改造，核心产业更替，以及产业链条重组，从而引发世界格局深度、深层、深刻的变化，这成为大国竞争博弈的主战场，也成为中美争相布局的主轴。

为此，中美正全面转向重新塑造产业体系的赛道。双方态势表现在新基础设施上，则是美国领先与中国反超的对决；表现在研发创新上，则是美国先发实力与中国后发潜力的比拼；表现在市场规模上，则是中国战略破局与美国"铜墙铁壁"的较量……当然，这也并不意味着中美关系中只有对抗与冲突。放眼未来，无论是在经济、环保气候领域，还是科技创新应用的生态融合，这些都决定了中美利益紧密交织、错综复杂的合作网络，彼此之间谁也离不开谁，谁也改变不了谁，谁也取代不了谁。不过，产业大变局时代，最慌张、焦灼的是美国。为此，美国对华的攻防战略还将迭代升级，中国则将在战略容忍与专注发展中形成量变向质变的演化。

专栏 4-1：复式经济

变局时代，市场经济的唯一性正在消解，大市场与大政府相结合的复式经济成为合乎百年变局逻辑、切实可行的调和方案。其中，政府与市场非黑即白的思维方式将被摒弃，既不夸大政府制度的优越性，也不放任市场"无形之手"的恣意妄为，而是在大政府与大市场之间趋向平衡。

落脚到中宏观，政治、经济、社会方方面面的规则都将开始调整，由此，复式经济将体现在：一、原有泾渭分明、利益排他的组织将演化成显性与隐性相结合、彼此嵌入的复式组织，从地方到企业概莫能外。二、由国家资本与市场资本交融共生的复式资本根植于国家经济运行中，将成为大概率事件。三、既注重发展经济，又强化社会管理中心的功能，国家经济建设与社会管理双中心并行不悖。

正因如此，美国试图突破市场经济作为唯一主体的路径依赖。沙利文提出"新华盛顿共识"，全面反思市场万能、过度金融化等，试图通过产业政策恢复国内工业能力；"拜登经济学"想方设法拆掉里根新自由市场经济的理论基础，强调利用政府之力"从内到外""自下而上"地重塑和提振经济。

中国天然内置复式经济基因。改革开放以来，中国从计划经济的半道上拐弯到市场经济，以"政府＋市场"的"二人转"模式，将各种经典元素化繁就简，推动了中国经济的崛起。只不过中国尚处于"复式"时代的初级阶段，在摸索中显露出复式经济模式的底色。例如，从社区化赋能企业发展，到拼多多等电商平台赋能农业，在中国，社会经济正如同"小荷才露尖尖角"，展现出蓬勃的发展潜力。

第五章　美国：产业变革的理想与现实

变局时代，从美国的科技冲击到中国的产品冲击，中美迎来"生存空间的挤压"。在此背景下，为了自身利益，美国掀起全球产业链的混乱和重组，成为第一个"铁三角"中的最大主导者。然而，伴随市场经济最高阶段不可逆，美国既有经济软肋体现在金融脱实向虚上，也有政治软肋体现在"两个美国"上。由此，美国把控产业大变局机缘的关键，就体现在其如何顺应时代大势的发展。

中美对峙相持的关键十年

为什么产业大变局第一个"铁三角"的最大变量是美国？因为美国对整个产业大变局起到的核心作用，其影响力远超过三分之一。在再次竞选美国总统上，特朗普的对华政策颇具针对性，不断放狠话。例如，2024 年 2 月 4日，特朗普表示，若赢得大选，将对所有中国商品征收至少 60% 的关税。2024 年 10 月，特朗普再发表涉华关税言论称，如果中国（大陆）对台湾地区动武，将向中国（大陆）征收 150% 至 200% 的关税。

为什么会这样？中美双边关系已处于恐怖平衡。所谓"平衡"，是随着中国的综合实力与国际地位的不断提升，全球地缘早已不是冷战后美国一家独大、"顺我者昌，逆我者亡"的单极格局。其中，面对新一轮产业变革与科技创新，美国给世界带来的冲击更多体现在科技基础理论及科技布局能力上。

一、美国产业变革的大国红利在于其建立了基于创新、应用与效果的牢固"护城河"，科技创新的革命性突破始终处于世界最前沿。回顾过往，伴随高水平的基础科研能力和巨大的科研投入，美国走独立自主的"技工贸"①道路，呈现出基础研究在上、应用科学和实用技术在下的倒金字塔式结构。其优势集中体现在：一是以硅谷为代表的基础科研能力强大。美国自 1901 年已经有 400 多人次获得诺贝尔奖；尤其是近 30 年来，美国获得诺贝尔奖的人数更是高达 197 人次，在全球呈现压倒性的优势。二是长期保持着庞大的科研经费投入体系。OECD（经济合作与发展组织）数据显示，1995 年以来，美国 R&D 支出中基础研究的占比稳定在 14%～19% 左右（中国在 5% 左右）。这使得科研人员搞任何科研创新，都能迅速获得资金估值与支持。就连 OpenAI 这种一开始被定义为社会公益性科研企业，也能获得大量的资金支持。

二、美国通过对关键核心技术的掌握，如"八爪鱼"般牢牢把持世界科技霸主地位。在全方位的政策支撑下，实现对关键核心技术的突破、把控和布局，这是美国把握历次产业革命战略机遇、实现经济持续发展的关键，也是美国能够对其他国家科技"卡脖子"的重要原因。在早期，美国就对人工智能、量子计算等 20 个公认的新一轮产业革命的基础技术和关键核心技术进

---

① "技工贸"中，"贸"指贸易；"工"指加工、生产；"技"指技术，即研发创新。所谓"技工贸"路线就是：技术第一，工业制造第二，贸易第三。换言之，就是重视技术研发，以技术研发为核心，再考虑制造水平进行工业生产，之后用贸易获得利润。"贸工技"和"技工贸"的区别在于"销售"与"技术"在一个企业中哪个处于优先位置。

行了战略部署。与此同时，通过给予外国机构一定的研发投入，美国将世界各国绑在了自己的"战车"上。2015—2019 年间，美国联邦研发资金授予外国机构并由其执行的数额共计 42.7 亿美元。

中国给世界带来的冲击则主要体现在产品的生产制造和应用能力上。

一、中国产品成本优势明显、价格低廉，成为世界科技产品的"价格屠夫"。中国是全球唯一拥有联合国产业分类中全部工业门类的国家，这使得科技产品在中国落地后得以快速地迭代与升级，产品价格也能削至"白菜价"。如通过自主研发和量产，中国把核磁共振仪从每台 3 000 万元的进口价格降至了每台 290 万元，质量和性能也不逊色于进口品牌。原因是，从原材料供应到生产制造，再到市场分销等环节的优化，中国能够无限地摊薄利润。

二、中国通过科技赛道、规则体系的更换，保持科技应用实力上的不断增强。从量子计算、碳基芯片等高科技赛道上的突破，到北斗导航系统构建、6G 技术的突破，再到中国新能源汽车的发展、互联网科技在现实领域中的应用与推广，中国向世界证明了，中国在新赛道、新领域上的突破能力，并在一些科技"无人区"中构建起竞争优势，打破美国原有技术格局和垄断的同时，开辟出新的发展方向和前景。

一言以蔽之，伴随科技创新与产业升级，中国屹立于世界舞台中央，将商品成本削至"白菜价"。这是由市场经济的内在逻辑造成的。如此一来，中美两国原本互补的政治前提不复存在，"生存空间的挤压"成为中美不可调节的决定性矛盾。而在美国看来，让中国人的生活水平和西方并驾齐驱，就是对美国优先发展权的挑战，这也是美国前总统奥巴马说"中国人要是都要过上美国人一样的好日子，那会是地球人的灾难，地球的资源都不够中国人使用"的原因所在。

于是，美国拉拢盟友对华"脱钩断链"并重构产业链，带头建起了围堵中国的"小院高墙"①。在美国看来，其对中国的科技围剿必须"硬着头皮打下去"，因为"事关美国生死"。为此，尽管明知难以遏制中国，未来美国依然将通过"小院高墙"等手段压制中国。其根结在于，中国是全球唯一可能突破美国科技封锁的国家。放眼未来，一旦中国登上历史舞台，它将以排浪之势将商品卷成"白菜价"，让廉价商品像重磅炸弹一样摧毁贸易壁垒的"万里长城"。美国深知：随着中国研发能力的不断提高，封锁中国越来越困难，美国的心态也已经从想赢变成了怕输。

这也就决定了，产业大变革时代，中美艰难且危险的对峙相持时间还将长达 10 年左右。在这期间，哪怕已经难以遏制中国发展，美国在未来的应对之策仍将是继续扩大对中国产业升级的制裁力度。所以，美国是决定世界产业大变局的第一个变量。

美国的软肋：金融脱离实体经济

美国为了自身的利益对中国"脱钩断链"，造成了中美产业链的混乱和重组，全世界因此出现了产业链大调整与大变革。为什么会走到这一步？其中的关键就在于美国经济有自身难以回避的软肋和死穴——美国已经来到自由市场经济的最高阶段，其结果就是金融业占据主导地位，产业空心化。换言之，美国产业空心化不是美国国策造成的，也不是意识形态的原因，而是市场经济走到最高阶段的必然结果。

回顾过往，在全球化与产业升级的背景下，美国企业率先通过产业外包、

---

① "小院高墙"是美国采取对抗中国的策略，旨在遏制中国的高科技项目，打压中国的科技进步，破坏中国与其他国家在科技研发领域的国际合作，而不是与中国经济"脱钩"。其中，"小院"指的是直接关系到美国国家安全的特定技术和研究领域，而"高墙"则代表着围绕这些领域划定的策略边界。在"小院"内的核心技术，美国应采取更严密、更强力的封锁措施，而对于"小院"之外的其他高科技领域，美国可以重新对中国开放。

协作生产来降本增效、分摊风险以及开拓市场。起初,这一策略主要应用于劳动密集型的纺织和服装产业,既能降低生产成本,又能缓解国内的经济压力。随后,美国进一步将钢铁、化工、造船等产业转移到中国大陆,这使得美国通过出口设备和金融投资赚取了丰厚的利润。在此过程中,美国经济整体开始向上游研发、下游市场两端延伸,而低附加值、处于中间环节的产业制造开始趋势性萎缩。美国制造业增加值占 GDP 之比从 20 世纪 50 年代初的 28%一路下跌至 1970 年的 23%、2023 年的 10.25%。例如,在 787 客机项目中,波音公司只负责建造飞机约 35%的部分以及最后的总装,波音 CEO 康迪特对此评论:"我们就是一个装配公司,或者叫设备集成商。"

问题是,产业过度外包造成交付迟延、技术外溢、利润外流等风险,残破的产业体系更直接拉低了美国将科学理论和技术创新转化为产品的工程化能力。毕竟研发等高价值环节固然有着极高的技术要求与门槛来形成壁垒,但如果没有基础制造业为基础,分摊产业升级的成本、培养大量的合格工人,就容易形成"空中楼阁",进而"基础不牢,地动山摇"。就像珍妮纺纱机如果没有凯伊飞梭的刺激,瓦特蒸汽机如果没有纺织行业的落地,便会仅仅沦为没有什么大用、更不会进一步发生进化的"奇技淫巧"一样。

在一定程度上,波音的"病"是美国去工业化之后制造业全面衰退的缩影,更是资本过度金融化的结果。和制造业相比,金融业务短期发展速度快,回报率高,然而技术进步和 TFP(全要素生产率)上升有限。如果需要追求进一步的业绩提升,则需要进一步扩大资产规模,同时抬高杠杆、涉足各类复杂的金融衍生品。即把债务/投资链条尽可能变长变多,把债务/投资拆分、打包、组合,然后一次次出售。买家又往往都是其他金融机构。如此,大量资金停留在金融系统内部高速周转,走向自我交易和自我膨胀的岔路。

更进一步分析,美国资本过度金融化让经济被华尔街所劫持。

一方面,美国资本过度金融化导致创新与金融本末倒置。金融本为创新配置资源，但当标普 500 指数中的信息科技指数股票的前瞻市盈率估值已高达 26.3 倍（亚德尼研究数据），便需要不断推出科技英雄和新概念以支撑行情，为金融资本服务。相较于以往美国发明电脑、手机等普及面极广且为人类生活实际增益的事物，如今美国大肆鼓吹的创新愈发"脱实向虚"。即使生成式 AI 为未来可能到来的技术革命埋下种子，但现阶段尚且未落地为驱动全球经济增长的现实力量。

另一方面，美国的金融霸权与制造业回归类似"鱼与熊掌"不可兼得。美国需要其他国家制造业发展起来，通过进口其他国家的产品才可以确保美元在全球流动，也为其金融收割提供可能。若美国试图推动全球供应链重塑，阻截美元涌向全球的通道，美联储的货币收割也就很难执行，美债风险也会承压，进而对其主导的全球金融体系产生冲击。

对于产业空心化，美国通常将其归因于全球化，因为在全球化的推动下，跨国公司在全球寻找成本的洼地和利润的高地，实体经济从美国转移到全球，特别是诸如中国这样的发展中国家，美国感觉吃亏了。但是，全球化只是造成美国空心化的一个表面变量。内在的核心变量就是美国金融越来越注重概念、虚拟化、衍生化，脱离实体经济，甚至演变成脱离科创的一个产业。当华尔街在玩概念、虚拟化、衍生化的道路上狂奔，它就丧失了资本金融撬动市场经济发展的基本功能。这是市场经济发展的必然。

伴随金融最高阶段不可逆，美国来到溃散边缘。对此，美国没有痛改前非，反而一条路走到底，继续进行疯狂的国际赌博——以美元霸权收割世界各国，不成功则成仁，即使美国倒下也要将全球经济通通拉下水。然而，开动印钞机等举措也仅仅延迟了金融危机的发生时间，并没有减少风险本身。于是，2024 年 1 月 11 日，美国证交会批准 11 只现货比特币 ETF（交易型开放式指数基金）交易，成为数字货币市场的历史性事件。也由此，美国拉开了包括比特币在内的加密货币交易价格暴涨的大幕。

以比特币为抓手，美国金融正在下一盘趁机耍弄世界的大棋。其逻辑是，一来，美国批准比特币 ETF，可以拉着更多国家开放，把全世界对加密货币感兴趣的资金不断收拢到美国。二来，通过"控制比特币与法币的交换接口"和"影响加密货币市场价格"这两种方式，美国把数字货币的影响力牢牢掌握在了自己的金融体系中。结果，如果说过去仅仅是美国金融业在投机炒作的路上刹不住车，那么如今美国整个国家机器也开始靠比特币等概念"发财"收割世界。总而言之，在金融原罪（详见专栏 5-1）这个问题上，美国还将往更深的深渊里继续下滑。

美国国策调整的长期化

如果说美国经济上的软肋集中体现在金融原罪上，那么美国政治上的软肋则集中在"两个美国"① 上。其背后是源自工业文明的两大结构性弊病，随着后工业、信息文明向科技文明过渡被逐渐放大。

其一，在工业社会，美国两党之所以能够壮大很大程度上依赖于其对信息的垄断。例如，美国两党背后资本集团的利益之争，具有明显工业社会的色彩。从 20 世纪 70 年代开始，美国民主、共和两党先后向资本集团利益靠拢，通过不同的方式破坏过去所建立的维护公共利益和劳工阶层利益的政策。金钱政治的存在使普通民众被大幅边缘化，而其副产品正是美国民众对政治

---

① "两个美国"是美国 200 多年的过去以及未来相当长一段时间的竞争旋律。过去，美国逐步成为西方世界的领头羊以及后冷战时代唯一的全球性超级大国。与此同时，美国自身的政治、经济、社会、思想、观念、文化都出现了裂变，经济社会结构的分化，思想观念、政党政治、国家治理的两极化，孕育了"两个美国"。对此，美国两大政党不约而同采取了"阶级分化问题的种族化处理方式"，将种种分歧转化成种族政策分歧，人们的注意力被牢牢锁定在各种"种族竞标"策略之上。两党政客也总能靠激发种族愤怒、文化分歧的政治路线获得更多政治资源。政治竞争的高度市场化，既依赖又放大了"两个美国"之间的斗争。

参与的冷感。对比之下，信息文明、科技文明的最大特征就是世界互联互通，政治扁平化、精英平民化，反而逐步对美国政党存在的根基釜底抽薪。

其二，受制于金融最高阶段的桎梏，美国经济模式尚未完成从工业经济向科技经济的转轨。究其原因，工业经济到科技经济的最大特点在于生产要素的变迁，由此经济生产方式将围绕科技进行转变，以科创作为第一生产力，撬动经济生产的各个环节。这具体又可分为新技术的研发和现有技术的迭代，而这恰恰离不开海量的资本投入。在此意义上，美国经济道路的转变不止于"是金融化还是再工业化之争"，而是全面地向科技经济对齐的"科创化"。

过去，市场经济的内在逻辑让具有超级大国国民禀赋的中国在非均衡变局中直逼美国。至少，相对于崛起中的中国，美国越发难以维系"举目四望无人可敌"的一霸地位。尤其是百年产业大变局的核心底牌之一就是市场经济的唯一性被颠覆，中国率先挣脱市场经济唯一性框架，在摸索引领未来的经济运行模式。

由此观之，美国把控产业大变局机缘的关键，就体现在其如何顺应时代大势的发展。总之，面对时代变化之下，需要新理论、新思想破局，才能适应新格局。正因如此，美国也大张旗鼓地充当自由市场经济的"掘墓人"——以"新华盛顿共识"驳斥里根新自由市场经济的理论基础。以往"重金轻实"的资本模式自然面临矫正，进而重建金融资本与产业经济、技术创新的良性互动。说到底，科技创新综合能力决定了一国的产业结构特征和全球产业竞争优势；而产业结构特征及其蕴含的多样化融资需求，又决定了其金融功能和金融结构。19世纪，股份制把社会上分散的资本投入到特定产业，是推动社会化大生产得以实现的关键力量。而后股份制的产生孕育了资本市场，依托资本市场，现代投融资体系进一步发展，进一步推动了社会生产力的爆炸式增长。

问题在于，美国调整需要时间，但美国最缺的也是时间。尤其是，美国经济和政治上的软肋，决定了美国在错误国策上渐行渐远的趋势。更无奈的是，随着"修昔底德陷阱"①成为一门研究中美的显学，反而模糊掉了最初的重点，"新兴大国与守成大国注定一战"从一个理应被避免的结果逐渐演化为一个在美国精英认知中难以避免的宿命。这一概念的误读与曲解恰好构成了透视美国国策紊乱的小切角——对于华盛顿精英而言，把树立假想敌、抽刀对外作为转移危机的唯一选择，把零和博弈②、霸权演化视为国际政治场的唯一规则，把市场经济奉为唯一运作模式……无异于把旧时代的底层逻辑生搬硬套到新时代，自然导致战略扭曲。

辩证地看，大乱意味着大治，美国将在国策紊乱的震荡中不断调试方向。毋庸置疑，美国将进入内部调整期。特朗普以一个精英政治"野蛮人"姿态再次上台，本身意味着华盛顿游戏规则、思维范式已开始出现分叉。何况美国自我调摆机制不容小觑，自建国以来，战争是常态、各类危机也是常态，但它经历了几轮动荡、危机的洗礼，也修炼出自我调整、自我纠错、自我修复的高韧性。甚至在许多次冲撞与激烈冲突后，都倒逼了改革与重组，"新兴力量将在运动中崛起，三权分立和政党竞争的天平将会经历剧烈的摇摆以达到新的平衡"。但美国要真正放弃对自由市场经济的信仰，需要近20年的酝酿。

---

① 修昔底德陷阱，由美国哈佛大学教授格雷厄姆·艾利森在2012年提出，此说法源自古希腊历史学家修昔底德就伯罗奔尼撒战争得出的结论——雅典的崛起给斯巴达带来恐惧，使战争变得不可避免。格雷厄姆·艾利森用这个概念来说明，一个新兴大国必然会挑战守成大国的地位，而守成大国也必然会采取措施进行遏制和打压，两者的冲突甚至战争在所难免。

② 零和博弈（zero-sum game），又称零和游戏，与非零和博弈相对，是博弈论的一个概念，属非合作博弈。它是指参与博弈的各方，在严格竞争下，一方的收益必然意味着另一方的损失，博弈各方的收益和损失相加总和永远为"零"，故双方不存在合作的可能。

专栏 5-1：金融原罪

金融本是一种中介手段，连接供需两头；增值、收益是为供需匹配提供服务后的结果。但发源于西方的近代金融业深受自由主义影响，市场经济逐利的本性（即"理性经济人追求效益最大化"）使得金融业以经济利益为导向，将资本增值当成动力、陷入钱生钱的击鼓传花游戏。

对此，2009 年出版的《金融原罪与金融文明》一书中对此总结，市场经济发展主导着金融沿着"一般等价物—存贷—讲故事、炒概念—衍生品—金融黑洞"的脉络不断演进，相当于从哲学层面对华尔街模式盖棺定论——不可逆地陷入金融原罪。当货币过剩变为常态，持续加剧金融体系的"堰塞湖"效应，过剩就要平仓，最终通过金融将货币蒸发的方式达到平衡状态。

这一演进脉络表现在美国，市场经济发展到最高阶段，金融在"钱生钱"的自娱自乐中成为虹吸各类资源的黑洞，抽空了实体经济，带来了严重的经济后果——金融泡沫化，制造业空心化，华尔街纸醉金迷，铁锈地带芳草萋萋，贫富差距持续扩大，负债率持续上升。显然，美国走了一条"天使变魔鬼"的邪路。

"支撑一个国家金融能力最重要的是经济的生产性，否则就没有持续性。"历史已反复验证，过度金融化必然会对国家霸权造成反噬。从荷兰到法国再到德国，多数金融帝国的经济都因走上了一条过度"脱实向虚"道路而难逃由盛到衰的宿命。

第六章　中国：产业整合的复式与主场

产业大变革倒逼"大市场＋大政府"复式时代的到来。中国不仅是开启复式时代的先行国，还坐拥超级大国红利。正因如此，科技文明主场或将在中国。而且，伴随全球产业链的并购与重组，中国开启前所未有的产业大整合。只不过，中国存在两大软肋：一是仍处于市场经济初级阶段，已到了兑现高质量市场经济的时刻；二是中国金融从爆炸到收敛，但严格意义上的金融创新尚未真正开启。

中国率先开启复式时代

西方国家向来推崇自由市场经济，将其看作自己的专属和优势，而中国在计划经济时期就对市场经济显得水火不相容。两种模式胶着，似乎只能取其一，是非此即彼的对立面。但如果仔细梳理就会发现，美国历史上国家经济其实也很强大，在1987—1988年全球化浪潮下的第一次金融危机，美国逼迫日本签署"广场协议"维护美元贬值时，以美国为首的西方国家经济就率先登上了历史舞台，那时候西方国家的国有经济成分占比相当高，其中法国接近 17%，英国和联邦德国超过 10%，美国曾经也超过 10%。

只不过，过往经验表明，政府所迷信的凯恩斯主义的局限性不断凸显，它不仅不能从根本上解决结构性矛盾，反而让政府陷入债务飞涨怪圈。市场经济天然内置市场原罪（详见专栏 6-1），注定了不能完全解开它的缰绳，经济虚拟化、贫富差距扩大化即为明证。更关键的是，在如今百年一遇的产业大变局下，市场与政府勾兑的时间急迫性、范围适用性、手段多样性都在增加。这意味着，300 多年来形成的市场经济信仰正在崩塌，大市场与大政府相结合的复式时代全面开启。

这恰恰将中国率先开启复式时代的先行优势凸显。要知道，自改革开放以来，中国从计划经济的半道上拐弯到市场经济，以"政府 + 市场"的"二人转"模式，将各种经典元素化繁就简，造就了中国经济的崛起。可以说，中国在发展模式上，市场机制有发挥空间，国家调控有显著成效，已显露出"大市场 + 大政府"复式模式的底色。

放眼当下，产业大变局正在全球引发格局深度、深层、深刻的颠覆性变化。在此过程中，如果说过去中国最大的红利是土地红利，那么如今超级大国红利正成为中国引领产业变革的最大红利。超级大国红利是什么？这还是要从资源禀赋、战略能力这些角度全面理解，基本框架是从保罗·肯尼迪《大国的兴衰：1500—2000 年的经济变迁与军事冲突》一书中的大国指标体系衍生出来。其最出彩之处在于提出了"大国的经济基础决定和影响着它的相对地位"的主要观点，并且还提供了一套大国的评价指标体系，即大国一般是从领土面积、军事实力、经济基础、工业基础、人口素质、科技创新以及国际影响力等综合国力方面去衡量。这是一个多维的体系，综合评价越高，大国就越具备"超级性"。而眼下世界能够符合标准的也只有美国和中国。只不过，中国的超级红利不似美国那种咄咄逼人、有我无你的架势，中国至少有两个特点决定超级红利的形式。

一方面，中国独特的资源禀赋、国民禀赋对中国的制造业产业的门类、体量与产能以及市场规模、容量与影响力创造了足够的空间，既满足国内经济增长的动力需要，又提供赢得国际经济竞争的实力保障。以最让美国头疼的绿色科技方面的所谓"中国的过剩产能"问题，其本质就是中国的工业化发展逻辑叠加中国市场承载规模以及中国丰富的资源要素还有国家战略意志等变量形成的合力，降低了行业成本，把这些高高在上的产业与产品生生打成"白菜价"，质优价廉＋无限供应的能力让中国的绿色科技、绿色产业异军突起并席卷世界，以至美西支柱性产业被釜底抽薪。

超级大国红利的另一方面，则是中国完全有能力保护自己的产业和企业。2018 年，美国在加拿大强行扣押华为公司副董事长、首席财务官孟晚舟女士，试图逼华为公司就犯。孟晚舟被软禁了三年，经过中国的努力，终于获释回国。对比之下，日法等中等国家完全没有这个实力与美国硬碰硬。1987 年，日本警察在东芝公司总部带走了东芝的两位高管，原因是美国指控东芝公司向苏联出口数控机床。2013 年的春天，阿尔斯通公司的全球锅炉部负责人弗雷德里克·皮耶鲁齐被美国 FBI 探员逮捕。原因是美国指控法国的阿尔斯通公司违反了美国的《反海外腐败法》，向印尼方面的高管行贿。东芝和阿尔斯通的结果都很悲催。世界第一的东芝帝国最终解体了，日本的半导体丢失了半壁江山。曾经统领全球的法国电器帝国阿尔斯通，最终被美国的通用电气收购了。2021 年，皮耶鲁奇接受了 CGTN（中国国际电视台）专访时，将曾经的自己和孟晚舟进行了一番比较："我没有孟女士那么幸运，我的公司并没有向我提供那么强大的支持，我的祖国也没有给我提供强大的支持。"

然而，从总体上看，中国"大市场＋大政府"模式仍处于上下求索阶段。在诸如金融改革、外资准入等许多领域，对于如何在大市场和大政府之间把握好勾兑的方式和尺度，还需要进一步在实践中探索。这也就决定了，在此产业大变局的机缘期，中国存在两大软肋。

第一个软肋是，中国处在市场经济初级阶段，已到了兑现高质量市场经济的时刻。例如，楼市与股市的遇冷都源于相同的病根——"政策市"下的伪市场化。无论是楼市认房不认贷、降低房贷首付比例和贷款利率等利好政策，抑或是股市动用了包括印花税减半征收、证监会加大监管力度严查违规减持、减缓IPO等在内的多种工具，政策依然局限于救市、对冲周期式的维稳目标。再如，各地招商引资普遍同质化。相似的新兴与热点产业定位，争相出台的优惠税收政策、土地政策、产业政策、人才政策，"抢人、抢钱、抢商"全面上演，容易引发重复建设和过度竞争。这显然有悖于国家提出的全国统一大市场。2024年7月，中国清理地方政府滥用税费优惠政策，内卷式招商走到头了。

第二个软肋是，中国金融从爆炸到收敛，但严格意义上的金融创新尚未真正开启。美国经验表明，华尔街模式的演化终将不可逆地陷入金融原罪。因而，一如46年前，为避免苏联式灾难，中国以改革开放从计划经济的半道上转轨市场经济；如今为避免美国式灾难，金融将从自由市场经济的半道上再一次转轨。2017年第五次全国金融工作会议提出"金融要为实体服务"，从顶层设计上进行方向性拨乱反正。2024年1月，经济日报发表文章指出，中国特色金融发展之路遵循现代金融发展的客观规律，具有适合中国国情的鲜明特色，与西方金融模式有本质区别。

如此一来，摆在中国金融创新面前的紧迫问题有二：一是评析市场经济与金融发展的关系——金融市场发展离不开市场经济的基础性作用支撑。在此基础上，中国特色金融发展之路需承接市场经济正面性、规避其负面性，甚至"弯道超车"，绕开其"最高阶段"。二是平衡金融资本与科技创新的关系。尤其是随着科技经济登上历史舞台，"高风险、高收益和超长期"的科技创新离不开大量资本的长期"兜底"。而金融资本逐利，往往寻求稳定、高效、低风险的短期回报，两者之间存在天然的背离。

正因如此，中国金融正在把两大主题联动起来，双管齐下——一是吻合美式华尔街的金融不能搞；二是契合科技文明的金融还必须大张旗鼓地发展。挑战在于，如何从根本上走出一条区别于美国那样的经典金融道路，可落地、可执行的方案尚未出现。主要是因为新模式、新套路面临很多不确定性，有关市场经济发展的 "分寸拿捏" 始终是中国金融发展难以回避、又必须面对的一个基本命题。

中国式产业整合

近年来，从国内到国际，中国正进行前所未有的产业大整合与重构。在国内，不仅产业并购重组渐成主流，还聚焦科技创新，在前沿颠覆性产业上发力。在国际上，一方面，中国从稳外资到引外资，进一步深化改革开放；另一方面，中国企业出海 "链" 达全球，开启大航海时代。

其实，不只中国，全球各国都在忙着进行产业整合与产业链的重构。追根究底在于：产业大变局时代，全球迎来从发达国家转向新兴经济体的 "世界力量之变"，以至地缘政治与市场逻辑激烈碰撞。于是，去全球化盛行，全球产业链重构模式从 "水平" 转向 "垂直"。它不仅强调供应链 "安全" 大于 "效率"，还呈现 "本土化" "近端化/区域化" 等特征。其中，美国等发达国家为维持在全球产业链中的位置而打压、遏制后发国家。中国等后发国家则为了活下去，不得不冲击全球产业链中高端，甚至是顶端的位置，做大自己在全球存量经济中的份额。对中小国而言，此前通过聚焦产业链部分环节 "分一杯羹" 的好日子将不复存在，其发展前景，取决于其能否更加融入大国经济圈的内核，与大国进行一定程度的绑定。这也就注定了，中美分别作为各自区域产业链枢纽国，围绕着区域产业链主导权的争夺也日趋激烈。

在此过程中，中国式产业整合主要呈现出三大典型特征。

一、中国产能化解在外，并非倾销而是嵌入。近年来美西方试图用过剩、倾销的逻辑解读中国，盖因历史上倾销本身就是美西方最擅长的手段，彼时英国通过在殖民地倾销来增加对殖民地的控制和解决自身财政问题。然而，中国向外化解产能的要领，是统合起一个由中国主导、彼此深度嵌入的贸易分工体系。典型如数量庞大、灵活性高的中国民营企业，不仅促进自身更大发展，还融入当地，提供网络建设、拓展产业链条等一揽子解决方案，在加速出海中谋共赢。

二、不同于美国的"脱钩论"，中国以更加开放的姿态，深化全球产业链开放合作。与美国不同的典型特征是，中国有着经济整合、产业捆绑、供应链布局等全球化思维。这样不仅通过市场力量收敛，有着"和而不同"的政治智慧，还具备强大的辐射吸引力，更是注重以国内市场、国内需求为导向，并不断扩大"朋友圈"，包括中国提出"一带一路"倡议，主导上合组织、金砖国家联盟等区域组织，并在拉美、非洲、南太平洋积极寻求突围，打造新的稳态产业链。

三、中国注重"以未来引领今天"，在整合布局中抢占产业大变革的先机。中国不仅在数字化浪潮的推动下，打通经济运行"血脉"，加速生产要素联通。从广东的原点智能技术到江苏的未来网络试验设施，创新的火花在各个角落点燃，推动着产业的智能化、高端化和绿色化发展。中国还凭借全产业链进行更具韧性的系统创新，打造出不亚于美国的超强竞争力，延伸出更多的高科技、高附加值与绿色产业。典型如在新能源汽车领域，从采矿到冶炼，再到零部件制造，中国在生产链上的每一个环节都占据主导地位。

说到底，全球产业变革的底层逻辑变了：从此前的经济逻辑主导，转变为当下经济和政治的双重夹击。幸运的是，在这场全球产业大变革时代，中国具有超大市场规模、科技创新体系完善、集中力量办大事、产业链体系完整等无可比拟的超级大国优势。只不过，中国式产业整合被三重挑战顶在杠头上。一是如何正确处理好政府与市场的关系。既不能完全否定产业政策的作用，但也不能完全依赖产业政策。作为一个后发国家，中国需要在政府干预和市场机制之间找到一个平衡点。二是国家产业链面临安全与效率的悖论——各国最有国际竞争力的产业往往也是脆弱度最高的产业，中国也不例外。三是美国对华科技的遏制，以及"市场化—高技术化"的迭代悖论。中国产业链中需要填补的空缺主要集中在高技术领域，面临着被"卡脖子"的困境以及和产学研脱钩的尴尬，同时，中国在产业升级过程中也要极力避免走入高技术陷阱。

更关键的是，以未来引领今天看，科技经济时代需要"全球一盘棋"，全力打造具有全球影响力、开放创新合作的产业生态。这极其考验勾兑融合的能力。就中美竞争而言，谁能率先打造全球全产业链协同能力、全球资源整合能力和全流程管控能力，谁就将占领先机。未来，为实现融合勾兑，中国式产业整合还将呈现出两大趋势。

一是突破以往垂直分工的产业转移，转向以垂直和水平复合型分工为主的复式化产业链体系。就产业而言，低端产业将以横向转移为主、纵向转移为辅。高端制造业仍将以纵向转移为主、横向为辅。此外，由于行业的特殊性，汽车、光伏、化工等行业将纵横并重。就地区转移而言，中国企业还须将发展中国家和发达国家"两手抓"，越南、匈牙利等"连接器"国家将成为中国企业绕过制裁，向美西国家市场渗透的重要路径。

二是"大政府＋大市场"的叠加协同与谋篇布局。即在"国家顶层设计＋地方弹性布局＋企业组团布局"叠加协同下，建生态，破壁垒。这样不仅意味着企业生态融合，组团出海，在聚集效应中减轻"去风险"。它还包含从国家宏观着眼，一方面建立国内统一大市场，通过搭建全国算力一体化等平台，撬动产业链供应链的升级和优化；另一方面中国企业主动出击，通过在海外设立产业园区等形式，弹性化布局。

中国科技的时空配置与布局优化

　　科技经济时代，一个无法回避的话题是，美国在科学技术的原始创新上始终走在前面，特别是 20 世纪 70 年代 IT 革命以来。与此同时，中国教育界长期被一个困惑笼罩，也就是著名的"钱学森之问"——为什么我们的学校总是培养不出杰出人才？此外，还有 20 世纪中叶的"李约瑟难题"：为什么在公元前 1 世纪到公元 16 世纪之间，古代中国人在科学和技术方面的发达程度远远超过同时期的欧洲，但为什么科学和工业革命没有在近代的中国发生？

　　表面上，"钱学森之问"与"李约瑟难题"似乎都质询着中国文明的底色——中国究竟有没有科学的基因？中国人到底行不行？但这不是终极问题，而是历史演化问题，对于两大命题的回答，不能脱离具体的时间与空间。

　　一、空间维度上看，古代中国的地缘要素中缺乏西式"突变"的可能。一方面，文明距离上的"孤立性"，使中国"被动地脱钩断链"。中国坐落于亚欧大陆的最东端，离其他的主要文明太远，相伴的只是一些游牧或渔猎部落。另一方面，农耕文明的特性使稳定的权重盖过了创新。尽管以渔樵耕读为代表的农耕文明也不都是田园牧歌，也有争斗和战乱，但较之于游牧文明，具有质的不同。农耕文明本质上需要顺天应命，需要守望田园，需要辛勤劳作。它不需要培养侵略和掠夺的劣性，而是需要掌握争取丰收的农艺和园艺；它无需培养尔虞我诈的商战技巧，而是企盼风调雨顺，营造人和的环境。正面看，超稳定使中华文明长盛不衰。但反面看，这也使中华文明在破蛹化蝶上困难重重。

　　二、时间维度上看，中国农耕文明演化与西方跃升工业文明的"大分流"，也无异于"脱钩断链"，这与"天时"的影响深度绑定。一方面，在内生动力方面，对劳动力投入的不同态度，拉开了中国与西方在创新动力上的差距。早在 13 世纪，西方商品经济已促使农奴制度解体，商人始终重视减少劳动力投入，这才催生出代替人工的机器。另一方面，中国长期被锁死在人口与粮食发展的"马尔萨斯陷阱"① 中，即使 19 世纪末开始后发追赶，但受殖民主义、帝国主义的压迫，中国科技长期邯郸学步。

以此看，过去数百年，中国本土科技水平、科学人才未能媲美西方，并非因人种层面上有什么"劣根性"，不过是特定时空下的产物。而今产业大变革时代，重要科学范畴从微观到宏观各尺度加速纵深演进，科学展开进入新的大科学时期；前沿技术呈现多点突破态势，正在构成多技术群相互支撑、齐头并进的链式改造；科技创新呈现多元深度融合特征，人—机—物三元融合加快，界线越发模糊。"不谋万世者，不足谋一时；不谋全局者，不足谋一域。"这也就决定了，谁抢先布局开源的、通用的科技生态，从全局去规划科技发展、国家创新体系建设，谁就等于牢牢掌握未来科技的创新密码。换言之，中美科技战，短期看是技术的比拼，中长期看是基础研究和前沿技术与硬件的较量，长期看则是两国的科技创新生态之间的竞争。

如今，全球科技呈现中美两个大国各自领先的发展局面，即原创端美国领先，应用端中国领先。与此同时，从强行对华科技"脱钩"到用"小院高墙"对华围追堵截，美国就像三体人一样，想要"锁死"中国的科技发展水平。但毋庸置疑的是，在科技文明时代，中国也占据部分优势。比如在 AI 发展的四大硬约束因素（数据、算力、电力、淡水）上，中国各有优劣。以数据为例，《2023 年全球人工智能创新指数》报告显示，美国和中国稳居第一梯队，但中文开源训练数据集在 Hugging Face 上仅占 5.1%，不及英文数据

① "马尔萨斯陷阱"，又称为"马尔萨斯灾难""马尔萨斯停滞"，以英国政治经济学家托马斯·罗伯特·马尔萨斯命名。在工业革命之后，经过了 100 多年的时间，西方人口生产上的"两高一低（高出生率、高死亡率、低增长率）"就逐步被"三低（低出生率、低死亡率、低增长率）"趋势所取代。马尔萨斯提出两个级数的理论：人口增长是按照几何级数增长的，而生存资料按照算术级数增长，这一理论被称作"马尔萨斯陷阱"。

集的十分之一。

人类历史上可与眼下类比的当属18世纪，彼时范式进展乏善可陈（热、电、光、化兴盛都是19世纪的事），夹在蒸汽机与内燃机之间，但花了足够多的时间沉淀科技。17世纪末法国人发明的蒸汽机雏形，在整个18世纪迭代了十几个版本，不断提升热效率、降低煤耗。同时，蒸汽原动机也从原本的采矿业向外渗透，如阳光雨露一般滋润着纺织、运输等各行各业。无独有偶，当前的科技文明时代也是夹在两轮范式革命当中的应用深化期。人类科技的边疆正卡在"节骨眼儿"（如可控核裂变到可控核聚变、弱人工智能到强人工智能等）上，一切尚需火候。

显然，增长的红利期过去，科学事实上已经回到中国更熟悉的套路。从这个高度俯视，在科技文明到来的当下，中国没有任何理由不力争上游。且不说，中国的崛起本就是百年产业大变革的关键和核心，中国与世界科技的起跑线之差已经极小。而且，当增长的红利期过去，以二战后美苏投入大量财力搞太空竞赛、"星球大战"为节点，科学事实上已经回到中国更熟悉的"炼丹"套路。这意味着，科技文明主场或将在中国。

正因如此，中国释放了新型举国体制和市场自由竞争的复式化战略信号。一方面，政府将通过制度创新，以政策之手、法律之规引导科技创新、产业突围。政府不仅从制度上保障专利转化的分配权和所有权，还以制度创新促进企业融资。另一方面，市场企业将成为科技发展的主体。在产学研一体化下，市场企业建立融"科学研究—技术发明—产业化发展—高新技术企业孵化"为一体的市场化运作模式。最终，中国将在新型举国体制和市场自由竞争的复式化中实现跨越，既发挥新型举国体制的顶层设计与"集中力量办大事"的作用，同时又激发市场自由竞争的创新力与生命力。比如，高铁是举国体制的杰作，5G通信是国有通信运营商与华为公司共同创造的硕果，平台经济是境外风险资本与境内民营企业市场迭代的成果。

专栏 6-1：市场原罪

毋庸置疑，西方领导和开启的市场经济、数次工业革命，极大地提升了市场效率，促进了整个人类社会的进步。

问题是，按西方经典的自由市场逻辑，就不可避免地陷入市场原罪。因为市场竞争中企业家的本性就是趋向做大做强，肆意扩张增加产能；资本追逐利润的本性从骨子里也在不断寻找自我膨胀的场所，而市场经济为其提供沿着此逻辑发展的肥田沃土，由此，企业将上述配置持续进行下去，生产规模的雪球越滚越大。即使市场机制倒逼一些企业收缩生产线，一旦价格回升，产能仍会死灰复燃。也就是说，过剩是市场经济躲不过的宿命，这是市场原罪。

再加上经济全球化让各国企业纳入全球产业链分工，以至工业大生产、全球化大生产前所未有地遍布世界每一个角落，产能扩张便以疯狂的方式在全球上演，进一步加剧了产能过剩和资本过剩。过剩就要平仓，而解决过剩的方式是周期性的经济危机。往小了说，从"美国股市逢八大跌的魔咒"到"中国股市每隔 7 年一个轮回"，往大了说，从 1998 年亚洲金融危机到 2008 年全球次贷危机，各种危机总是会周期性地出现，挥之不去。

第七章　科技经济与科技文明

作为时代发展的新脉络，科技文明正在、而且必将进一步重构人类的多维度文明。它既掀起由"AI+人形机器人"叠加引领的下一轮超级大繁荣，又带来科创垄断、技术与安全等诸多激烈争议。在此过程中，AI进入科技文明主战场。对企业而言，打开科技文明的关键是把有限的资源投入到无限的前沿探索工作中。

科技经济引领科技文明

美国著名发明家、预言学家雷蒙德·库兹韦尔曾在其著作《奇点临近》一书中强调了"加速回归定律"，即人类的科技加速不是简单的等比指数增长，而是增长比例也在不断增长的双指数曲线增长；并预测2045年人类会迎来技术奇点，科技发展将达到无限大，届时的一个标志就是机器智能超越人类智能。

现实世界比作品更魔幻：我们正身处一个技术大爆炸的时代。从云计算到量子计算，从低空经济到自动驾驶汽车，从纳米技术到人形机器人，从生命科技到脑机接口……一个个"超越现实"的前沿科技爆炸式涌现，呈现多点群发、交叉融合的相互赋能趋势。伴随科技发展的"一日千里"，世界进入史无前例的产业大变革时代。

纵观人类发展史，特定的历史阶段塑造特定的人类文明，并赋予人类文明丰富的历史内涵：农业经济让人类活动有了更多的主动性和选择性，奠定了农业文明的根基，使得人类走出原始和野蛮的自然状态。工业文明则开创了现代化的人类社会，"所创造的生产力，比过去一切世代创造的生产力还要多，还要大"。按照史学家安格斯·麦迪森估算：公元元年世界人均 GDP 大约为 445 美元（按 1990 年美元算），到 1820 年上升到 667 美元，1 800 多年里只增长了 50%。从 1820 年到 2001 年，世界人均 GDP 增长到 6 049 美元，180 年里增长了 8 倍。

而今，全球正进入一个新的经济文明阶段——科技经济。正如凯文·凯利所说："未来一定有一个确定的方向，就像重力一样，这些趋势是相互交织、可以预测的：形成、知化、屏读、流动、重混、过滤、互动、使用、共享、开始和提问。或者，还有颠覆。"关于未来 12 个趋势都指向科技经济，而又没有某一项技术能全面概括经济趋势，能收敛当下多元综合性突破的也只能是科技经济本身。

科技经济引领科技文明。由此，人类的经济文明终于来到了新的时代——科技文明。按照经济基础决定上层建筑的逻辑，作为时代发展的新脉络，科技文明正在、而且必将进一步重构人类的多维度文明，无论是政治、经济、文化还是社会的发展都将深深打上科技的烙印。而且，科技文明是区别于农耕文明、工业文明、IT 文明的一种新文明，在经济生活、科技、生产交换等各个环节，都是通过科技的特点表现出来的。由此，科技文明呈现出与以往经济文明截然不同的三大新特征。

第一，超越还原论，整体大于部分之和。托夫勒有言："当代西方文明最高度发展的技巧之一是分析：把问题分解成它们的最小组成单元……但是我们常常忘记把这些支离的碎片再拼合回去！"还原论几乎主宰着工业文明的科研与应用转化，现在不少医生也有还原论的习惯，诊断过度依赖超声、X光、核磁等物理测量方法，本质上是不理解生命的整体性。中医在这方面的认知要合乎实际得多，强调"形神合一"、辨证施治。生命不是静态物质的排列组合，不是把一堆碳、氢、氧、氮原子捏在一起，就能拼出人这台"机器"。当中有大量反应依赖质子的量子隧穿，这是难以暴力拆解的物理极限。当今科学家也越来越认识到"此路不通"，转而在还原论的基础上寻求宏微观的平衡之道。如生物学家贝塔朗菲提出系统论，将人与自然视为浑然一体的自组织系统，与中国古代的"天人感应"不谋而合。反例则是在还原论指导下，工业大发展酿成的生态失衡、环境污染等问题。

第二，协同诱发突变，新质生产力未必源自科学家。工业文明的科学，就是字面意思上的"分科治学"。单从领域划分也能看出，现代科学热衷于培养纵向型的专才，如化学主流分为无机、有机、高分子等，还有多如牛毛的小方向。然而，"见树不见森林"终归是"盲人摸象"。当今，打破学科壁垒的协同创新已经成为科技应用迭代的加速器。典型就是人工智能，靠着信息科技与生物学的结合，才能编制人工神经网络算法赋予大模型以"魂灵"，而且，类似突破还将触发"链式反应"，各行各业都将在其加持下进一步突变。如在新材料合成、生物碱基配对等领域应用人工智能加以研究，又或抽离高校与科学家的范畴，将新科技搬到商业社会迭代，这时马斯克一类的科技掮客就扮演着主角。在本轮科技文明的末端，无论是智能驾驶，还是图灵预言中"像人类一样思考"的人形机器人，可能都如时下的智能手机一样司空见惯。

第三，耗散转为控制，国家意志的权重极高。物理界有句戏谑之言，"发现新超导材料的第一原则是：远离理论物理学家"。简言之，科技文明时代的应用已经远远走在理论之前，创新过程更像是古代的"炼丹术"——方士们本着实用性立场，近乎随机地调节着铅汞等元素配比，指不定啥时候就"蒙到个大的"。更何况，国家主体也会有意识地"把控火候"。古代中国在科技上比较吃亏的有二：一是技术容易耗散，有些工匠去世，独门技艺就失传了。比如越王勾践剑千年不朽，就是因为表面镀了铬，但不用电镀层的工艺如今已无法探究。二是"为他人作嫁衣裳"，中国发明的火药、磁罗盘这些好东西，启发了别人，却没能触发自身革新。但如今，这些遗憾基本可以杜绝。在国家施加的控制下，人们总是将技术应用推向巅峰。典型就是美苏高烈度的科技战，结果首次把人类送上了外太空、月球。

科技文明主战场：AI

2023 年是人工智能的大模型年，OpenAI 推出 ChatGPT，意味着生成式人工智能进入"iPhone 时刻"。2024 年则是 AIGC 的垂直化应用"繁花"绽放的突破年。从专用到通用，AI 正如枪林弹雨般扑面而来，成为推动产业进步和社会发展的关键力量。在此过程中，正如迈克斯·泰格马克在其著作《生命 3.0》一书中提出：AI 的兴起不仅对人类的经济和日常生活带来了深刻的变革，更重要的是，它对人类的自我认知和价值观带来了挑战。换言之，AI 革命正带来物质和精神的双重变革。

一、在物质层面，AI 将在格式化各行各业中重构生产、分配、交换、消费等经济活动各环节，并催生新技术、新产品、新产业。AI 将如同互联网般成为新一代基础设施，将加速医药、制造等各行各业进入前所未有的变革浪潮。其中，"＋AI"阶段是各行业的人用 AI 来降本提效，转型升级；"AI＋"阶段则是用 AI 技术来颠覆各行业。不过，AI 的广泛应用，既带来便利和效率，也带来社会结构与劳动力市场变革。即 AI 在某些重复性、标准化的工作中逐渐替代人类，也创造了新岗位，包括数据科学家、机器学习工程师、AI伦理学家等职业。正因如此，AI被广泛认为是下一轮经济发展、企业竞争的新质生产力。据麦肯锡全球研究院（MGI）预测，生成式人工智能有望为全球经济贡献约7万亿美元的价值，并将AI的总体经济效益提高50%左右。同时，AI广泛替代人力劳动并实现"爆炸性增长"，在2030—2060年间，50%的职业将被AI取代。

二、在精神层面，AI的发展会对人类中心主义的价值体系产生冲击。AI模特拍摄海报、AI公民获得身份认证、AI伴侣代替另一半给予情感慰藉……这些本来独属于人类的能力被AI不断攻克和"掌握"，这样虽解放了人类的双手和大脑，但也削弱了人类的主体能动性，加剧了人类主体"去中心化"的焦虑，进而导致人类面临主体地位消解的威胁。甚至于，马尔库塞在其著作《单向度的人》一书中指出，现代社会的畸形发展使得人用科技所创造出来工具和设备不但没有使人更好地得到解放和获得自由，反而成为奴役人的工具。而在这样一个价值社会中，一切也都变得被待价而沽，包括人。

以此看，凭借强大的智能计算能力、信息技术的集大成者以及与千行百业的深度融合，AI革命对人类生产、生活方式的调整是全方位的，它触及经济、文化、伦理等多个层面。由此，AI成为引领新一轮科技与产业变革的核心驱动力，让科技文明加速到来。

其一，AI迭代速度前所未有，让科技创新一日千里。AI的进阶呈现指数级增长，迭代之快，史无前例。据OpenAI统计，从2012年到2020年，AI模型训练消耗的算力增长了30万倍，平均每3.4个月翻一番，超过了摩尔定律的每18个月翻番的增速。OpenAI预测，到2027年，GPT8智商将达145，碾压正常人类。同样地，马斯克说，AI每6个月计算量增加10倍，远超摩尔定律预测；通用人工智能将会在2025年诞生，其智商会超过人类天才，而5年后一台强人工智能的水平将超过90亿人类智能的总和。

其二，极低的边际使用成本，促成 AI 应用快速落地。截至 2024 年 4 月，Claude3 Haiku 每百万 token[①] 输入 0.25 美元、输出 1.25 美元。低成本之下，AI 的正外部效应较强，跨行业渗透能力强，某个点位的突破只需改进参数即可简单复刻到其他环节。从马斯克开源大模型 Grok-1 到 Colossal-AI 团队开放 Open-Sora 1.0，程序和框架的开源也加剧了这一过程。放眼未来，英伟达 CEO 黄仁勋称，未来 10 年，英伟达还会把算力提高 100 万倍，把计算的边际成本下降到趋 0，并呼吁各国构建自己的主权 AI 基础设施。

其三，AI 颠覆了应用与理论的关系，成为突破科学边界的"神兵利器"。盖因其打破学科界限，实现交叉式、集成式创新，还以问题倒逼的方式，倒推理论的反向突破。2024 年初，中科大"AI 机器化学家"仅用 6 周，找到火星氧气黄金配方，用火星陨石制造出氧气，而人类科学家常规验证需要花费 2 000 年的时间；麻省理工团队宣布核聚变突破，通过他们所研发的新型高温超导磁体，能够将可控核聚变装置托卡马克的体积和成本压缩 40 倍，2028 年即可发电；Anthropic 推出大语言模型 Claude3，3 秒读懂万字论文，2 小时破解博士一年实验成果，仅用 2 个提示就弄出尚未发表的量子算法。

正因如此，AI 进入科技文明主战场，其历史作用不亚于当年蒸汽机、交流电以及互联网的出现，一如比尔·盖茨说 AI 是继 PC、互联网、移动互联网和云技术后的第四项重大技术革命。可以说，AI 不仅是技术发展的产物，更是塑造 21 世纪的社会、经济和政治新景观的关键力量。

不过，关于人工智能，有一种说法，认为大模型再厉害，也无非还是知

---

① token，中文翻译为"令牌"，在计算机科学和网络安全中，指的是一种代表特定身份或权限的数据结构。这个概念最早源于身份验证的领域，用于确认用户身份并授权其访问特定资源。在互联网环境中，token 通常是由服务器生成并发送给客户端的，客户端在后续通信中需要携带这个 token 来标识自己的身份和权限。token 一般包含一段随机生成的字符串，以及一些元数据（如关联的用户 ID、过期时间等），这些数据由服务器根据具体情况进行定义和生成。

识搬运工，不能创造，没有灵感，没有智慧。这种观点用文学上的一句话来形容，就是"两岸猿声啼不住，轻舟已过万重山"，历史的车轮终将碾压而过。从哲学角度来讲，抓到了规律，抓住了事物发展本质，就有了创新的前提。那什么是规律呢？规律就是事物现象间普遍的、必然的内在联系。只要给 AI 投喂巨量的信息，它就能在其中寻找内在的联系，找到了内在联系以后，它输出来的东西就不是原来的信息了——相较搜索引擎，AI 更革命性地向前走了一步。所以，AI 会像海啸一般，冲击人们生活的方方面面，各行各业都要接受 AI 的格式化。

科技文明掀起下一轮超级大繁荣

过往几十年，全球化、中国加入 WTO 以及中国市场化的多方面因素的叠加推进，成就了上一轮全球大繁荣，集中体现为全球经济增长与贸易往来的高度繁荣（1986—2008 年被称为超全球化时期）。这一轮大繁荣的标志性科技产品就是智能手机。现在这一轮超级繁荣已经结束了。

下一个大繁荣将由"人工智能 + 人形机器人"叠加引路。届时，两者将助推全球科技、经济实现双飞跃。前有麦肯锡全球研究院预计，在 2030 年之前，如果生成式 AI 应用于各行业，每年总经济效益高达 6.1 万亿美元至 7.9 万亿美元；后有马斯克预测，从长远看，如果人形机器人对人类实现 1∶1 乃至 2∶1 的应用比例，对应市场规模可达到百万亿美元级别。

只不过，下一轮的超级大繁荣至少要十年才会到来。以人形机器人为例，虽然人形机器人是"具身智能"的最理想载体，目前正处于商业化的关键时期，但成本、算力、场景三大痛点成为其进一步商业化的"拦路虎"。

通过构筑技术高壁垒、进行场景聚焦，人形机器人的"iPhone 时刻"便会来敲门。十年以后，人形机器人先到家里，帮你做粗浅、简单的家务，比如扫地。再接下来，帮助你伺候老人，帮助你带小孩。到了第三代机器人就是和你谈三观，和你聊感情。因为它里面装了大模型。大模型三秒就可以搞定一篇论文，你给它三个月，它什么都会，什么角度都不缺了，你和它谈话，什么都可以谈，而且它还会吸取你的信息，投你所好。到了第四代，人形机器人将废除传统意义上的家庭概念——家庭存在已经有上万年了，走到现在，年轻人已经不恋爱、不结婚、不生小孩了。一旦人形机器人能够取代家庭，届时，家庭存在的前提不再。这个变化无疑是翻天覆地的。

最终颠覆的会是什么？这个话题虽然遥远，但终将会在21世纪展现出来。如果说人形机器人是工业技术和AI技术的最高级的结合，把智能装到脑子里面去，那么再过二三十年，就像黄仁勋所说的，人工智能浪潮很快就会过去，接下来就是生命经济了。当人形机器人发展到4.0版本或者5.0版本的时候，人脑的思考能力将远远无法和它相比。

到21世纪末，科学家预测现在意义上的人形机器人将达到100亿个，生产方式、交换方式都被变革了，届时很多规则都将改变，自然人就要逐渐缩减，大街上看到的大概率是智商高、情商高的智能人。和它们相比，自然人显得智商低，情商低，结果先是自然人的大脑被变相"废弃"，不需要思考。当AI进入生物经济、生命经济时代，通过人造子宫就可以哺育出生命，这样的人已经不是自然人了。最终，生命经济意义上的智能人将"取代"自然人，人类也就走向了新的阶段。历史就是这么否定之否定的。

当然，围绕AI革命与科技文明，也产生了诸多争议：马斯克认为AI的发展如同打开了潘多拉魔盒的盒盖，人类要遭殃，因而提出把AI研发定性为公益，不能把它变成赚钱的手段；德国《法兰克福汇报》报道称，AI开闭源争论一直是欧洲和美国监管机构的重要摩擦点，以至"创新、利益、安全谁更重要"的问题被顶在杠头上；中美两国在AI上各有侧重，比如美国务虚，注重服务业，中国务实，更关注工业领域，以至中美AI竞争孰优孰劣的争论层出不穷；或是 AI 发展的关键，是取决于数据、算力、电力、算法等内在硬变量，还是取决于超级科技巨头、国家等外在变量……这些争论与表达拉开了科技文明的新序幕。他们或悲观或乐观，或满怀期待或心有疑问。殊不知，伴随人类科技革命的不断跃迁，人类对科技的爱与惧就从未休止。放眼未来，随着科技经济的不断发展和深化，围绕科技文明展开的激烈争论必然将持续不断。这恰恰折射出，科技文明的争论激烈与影响深远成正比。

科技文明与科创垄断

19 世纪末至 20 世纪上半叶，当工业文明进入高潮迭起的大发展期：一方面，规模经济鼓励企业做大做强，越扩大生产规模，越能赢得市场与利润；另一方面，马太效应①又推动资源与市场机会进一步向胜者集中。"历史总在押韵！"当下人类刚叩开科技文明时代的门，垄断"梦魇"竟又卷土重来、笼罩科创。

看投入迭代，企业间差距不断拉大。根据 Wind 数据，2023 年亚马逊、Meta、谷歌、微软四家在资本支出和研发费用上的总投入分别达到 1 357 亿美元和 1 967 亿美元，同比增长 47%、14%，而同口径下 BAT（阿里巴巴、百度和腾讯）的两项投入总和分别仅为 929 亿元、1 450 亿元，同比变化分别为 -17% 和 3%。单拎谷歌一家出来比较，差距更加明显，BAT 三家科技投入之和甚至不及它的一半。尤其在 AI 领域，美国科技巨头在扩张步伐上已大幅领先于中国同行。

---

① 马太效应，这一概念最初由美国社会学家罗伯特·K. 默顿于 1968 年提出。其名称来源于《圣经》中的《马太福音》。它描述了一种常见的社会心理现象，即优势往往会产生更多的优势。马太效应随后也被用于概括教育、经济、政治等领域的相关社会现象，即已经处于优势地位的个体会因此而获得更多的优势，而处于劣势地位的个体则会因此变得更加劣势。

看市值体量，可谓寡头林立。美股科技"七巨头"（谷歌、亚马逊、苹果、Meta、微软、英伟达、特斯拉）几乎垄断且主导了数字经济、人工智能所有的创新领域。享有类似"昆仑"地位的巨擘不少，在操作系统与生产力工具领域的微软、CPU 领域的英特尔等，无不是"跺跺脚便能震慑上下游"的庞然大物。

在工业文明时代，社会化大生产哺育了标准石油、美国钢铁等"工业巨无霸"，而驱动其托拉斯化的"动能"，源于生产、运输、销售效率的提高，继而加快企业资本周转的速率、商业版图扩大之步伐。到科技文明时代，企业最基本、最直接的竞争能力在于科创。作为智慧的尺度，把计算能力说成是科技文明的"心脏"也不为过。当人工智能逐渐逼近人脑智慧的拐点，计算超脱工具和物理属性，泛化为"问题解决"能力。就如曾用煤炭驱动轮船、火车一样，科技文明时代的应用深化主要依赖算力。如今以大数据、云计算为代表的科技软硬件，以及信息社会天文数字般的应用数、连接数、终端数、用户数，无不是算力延伸的结果。仅就科研来说，大到行星轨迹，小到基因组测序、新材料合成，若无超级算力加持，用算盘能扒拉到猴年马月去。再加上科技应用不断深化，物理空间、信息空间与现实空间的边界越发模糊，届时人、机、物深度交融，三者的互动势必建立在海量数据、实时分析的超级计算力之上。

然而，这颗计算"心脏"起码有两枚"瓣膜"被人垄断。一块在超算：根据 2023 年底发布的全球超级计算机排行榜，美国的 Frontier 连续 4 次位居榜首，且计算速度前十名中，美国实验室占据六席，包揽前三。排名第一的 Frontier 每秒运算速度是除美国以外四家（日本、芬兰、意大利、西班牙）的总和，意味着四台机子一起开都算不过它。另一块在人工智能：其中风头最盛者，当属英伟达。它于 2024 年 6 月 18 日取代微软成为全球市值 No.1，靠的就是在 GPU 领域安如磐石的垄断地位。在面向人工智能的数据中心

GPU 市场，英伟达以 376 万颗的出货量拿下 2023 年全球市场 98% 的份额（TechInsights 数据）。在消费类 GPU 市场，Jon Peddie Research 报告显示，在 2024 年一季度全球独立显卡市场中，英伟达拿下 88% 的市场份额。

不过，在科创垄断闭环加速的过程中，从资本到科研与应用，均有趋势逆转的转折点。

第一，资本的极限在国家，寡头再怎么侵略如火，也不能、不敢与国家力量明晃晃地对着干。相反地，公权力有足够的动机与义务维持市场的良性运转与竞争态势。然而，自 21 世纪以来，美国反垄断机构联邦贸易委员会（FTC）的效率越来越低下，官司拖得久、罚得少，且"出警率"不高。即使当下美国对英伟达提起反垄断诉讼，成效也有待时间检验。或许日后，"自家孩子，别人来打"将成为反垄断的主流，就像谷歌因垄断安卓系统，在欧洲被罚了 41.25 亿欧元，在美国却只自罚三杯（支付 7 亿美元和解金）。

第二，科研的极限在应用，找不到应用场景的科研，皆为"一刹之泡沫"。而在每轮科技爆发中，技术泡沫或许还占绝大多数。曾经 IBM 雄心勃勃地想用其人工智能 Watson 改造医疗行业，且一上来就聚焦于难度最高的癌症诊疗。结果没几年就在应用端声名狼藉，原因就是没考虑到应用端之复杂。本身医疗就涉及诸多既得利益、伦理问题，人工智能即使给出正确选择，也很难有医护、病患、家属愿意采信。同样地，不少巨头的自动驾驶、元宇宙项目尚且浮在空中"烧钱"，未来绝大多数都将在"落地"中出清。总有打通"科研—应用"关节者幸存，继而"赢者通吃"。

第三，应用的极限在市场，而中国是关键。从市场经济意义上看，垄断也会被潜在竞争者"打劫"。如 19 世纪末英、美对机械制造的垄断，就被德国政府培育的德马吉森、西门子所打破，份额因之缩减。以美国遥遥领先于全球的综合科技水平与创新土壤，想维持"资本驱动科研，科研催生应用"不难。目前唯一能破解其科创垄断闭环的，就是中国这一超级市场在美国科创垄断企业逻辑中的缺失。在美国禁令下，英伟达只能给中国大陆供给阉割版 AI 芯片，这便大大缩窄其潜在市场。根据公开财报，英伟达来自中国市场的数据中心收入占比已从 2023 财年的 19% 下降到 2024 财年的 14%，且未来有可能下探、维持在个位数。就此，美国在"卡住"中国的同时，也无意中在其科创垄断的循环上"捅了个窟窿"！

说到底，科技文明的本性，恰恰在于不确定性——事情并不全都是算出来的。如今人们生活在科技爆炸间歇性上演的时代，进步往往是突变、非线性的——当你站在拐点之前，很难预知到接下来具体会发生什么。就像现在人人都知道"诺基亚时刻"，但这并不只是诺基亚一家的失算。事实是 2010 年以前，业内分析师对苹果智能机最乐观的市场份额预测也不会超过 10%。谁能算到短短数年，诺基亚这棵"参天大树"顷刻垮塌，而苹果的"摩天大楼"能迅速拔地而起。

"其兴也勃焉，其亡也忽焉"，未来将越来越多地反映于科创企业。像福特、丰田这些存活了几十、上百年的企业，即使需求细节扣得再好、技术路线磨得再精，在面对"三界之外""跨界混搭"的中国车企时，未尝没有当年诺基亚的无力感。无常，正是科技文明的魅力，不在变化中成就，就在变化中消亡。所以，即使市值一度位列全球第一，英伟达依然喊着"离倒闭只有30 天"。

时势造英雄，英雄亦适时！对企业而言，打开科技文明的觉悟正在于：把有限的资源投入到无限的前沿探索工作中，才是在这科技经济时代中求存的唯一出路。例如英特尔，既对智能机缺乏预判，拒绝向苹果提供手机芯片，因对黄仁勋的职务无法达成一致而放弃收购英伟达，最终多次与机缘失之交臂。反观英伟达，虽说 AI 的横空出世与炒作成就了英伟达，但这也与其在创业时发明的 GPU 密不可分。

第二篇

↓

第二个 "铁三角"

——底层逻辑

第八章 经济周期、国民禀赋、地缘经济三大因素

站在国家视角看，经济周期、国民禀赋、地缘经济构成产业大变局第二个"铁三角"。三者相互作用——经济周期是发掘地缘经济、国民禀赋的重要机缘；地缘一定程度上决定了经济周期、国民禀赋发挥作用的上限；一国国民禀赋并非一成不变的，而是受经济周期、地缘的变化而动态演绎。三大因素共同决定国家产业变局的机缘、大势与路线选择。

解码国家产业腾飞奥秘

近年以来，世界各国都在不断出台产业政策，试图在大变局时代中超前布局。美国陆续通过《通胀削减法案》《芯片和科学法案》以及《基础设施投资和就业法案》等一系列法律法规，以加强国内半导体产业和可再生能源产业；欧洲国家推出聚焦清洁能源和半导体领域的产业政策，例如2023年推出的"绿色协议工业计划"；韩国也通过所谓"韩版芯片法案"——《税收特例管制法》修正案，针对企业对半导体等国家战略产业的设备投资项目提高扣

除税率。如今，各个国家都已经察觉新一轮的产业大变局已拉开序幕。

一直以来，产业立国不仅是一个国家崛起的"关键密码"，也意味着一个国家踏上了时代的风口。国家产业崛起的背后自有历史机缘，下面以德、日、美为经典分析对象来看。

德国抓住国家工业化的机遇，依托本国扎实的农业基础，纵向进行高端化、精细化设计，如汽车、电气产业。"德国制造"曾经是假冒伪劣的代名词，1887年，英国议会甚至通过《商品法案》，规定德国进口的产品须注明"德国制造"，以防鱼目混珠。自此德国人开始彻底反省，专注于生产高质量、经久耐用的产品。在英国完成第一次工业革命后的半个世纪后，由于英国技术垄断的打破，德国加速实现了从轻工到重工的华丽蜕变，汽车、设备、电气产业突出，高端、精密成为德国制造的一块"金字招牌"。

日本利用两次"石油危机"，竭力开发节能技术，将资源消耗降到最低，发扬了汽车、家电等优势产业。1955年以后，日本人认识到电子工业、石油化学工业的兴起和工业现代化不断变革的新技术将是推动日本经济发展的重要新动力，所以迅速调整出口产业结构，集中力量，将占出口商品一半的轻工业产品转变为重工业和化工产品。本来，日本汽车很难进入美国市场与福特、通用等老牌车企竞争，但受两次石油危机的影响，美国石油短缺、油价上涨，日本汽车以其省油、经济的特点大量涌入美国家庭，实现了对美国汽车的替代。日本竭力开发节能技术，将油耗降到最低，到1980年日本的汽车产量就超过了美国，成为世界第一。

美国把握消费电子时代的机遇，通过科技革命转型为"信息社会"。无论是20世纪初的电力革命，还是20世纪末的信息技术革命，美国都牢牢把控住了机遇。20世纪80年代，美国经济遭遇发展瓶颈：传统支柱产业如汽车、钢铁丧失竞争优势，半导体等高技术产业国际竞争力持续下降。对此，美国进行了产业结构调整，促使知识密集型产业大量涌现并不断壮大，开始进入知识经济时代，信息技术产业成为新的主导产业。近半个世纪以来，美国企业、政府、科研机构相互携手，主导着全球网络信息技术的发展进程，其中消费电子增加值在 1980 年为 500 亿美元，到 1988 年超过 1 000 亿美元，到 2000 年超过 2 000 亿美元

这些国家产业立国的机缘，还与产业自身发展的内在逻辑和规律有关。纵观世界工业革命史，美、德、日等经典大国的崛起都抓住了全球产业转移、技术迭代的时代机缘。第一次产业转移是以英国为中心向欧洲大陆以及美国进行转移，间接促成了第二次工业革命在德国、美国掀起高潮。1894 年美国工业总产值超过英国，成为世界第一工业强国。在经历了两次世界大战对全球贸易的破坏后，全球化的进程在战后逐步重启。20 世纪 50 年代，美国开始将纺织、钢铁等传统制造业向日本和德国转移。受益于美国的扶持，日本和德国在战后迅速完成了工业化发展，而随后也走上对内产业重组、对外产业转移的道路。囿于日本国内劳动力成本以及进口资源价格的上涨，日本政府开启了"技术立国"的战略，在产业结构转型的过程中，日本也相继将纺织服装等劳动密集型产业、重化工等资源密集型产业向东亚其他地区转移，进而开启了战后第二轮国际产业转移浪潮。这种跨国分工和产业转移模式在东亚地区被学术界称为"雁行模式"。

本质上看，工业化开始后，产能过剩和产业升级成为所有制造业大国面临的共性难题，每一轮产业转移和扩散都与先发国家的经济发展与产业升级密切相关。在这三次全球产业转移浪潮中，欧美国家或是出于政治目的的考量，或是为了经济效益追求利润的最大化，在先后以英美为首的全球分工体系中进行产业链的再分配。通过产业转移，欧美国家顺利地将劳动力密集型低附加值产业转移到全球，建立起一套完善的分工体系，占据着利润最大的产品，轻松掌控全球经济脉络。相应地，利润和技术积累的缺失导致相对落后国家难以进行产业链升级，且技术含量较低的生产环节的可替代性相对较高，不

同发展中国家之间的相互竞争又进一步挤压了发展中国家的利润空间,最终产生"低端锁定"的问题。

更进一步分析,仅凭时代的风口不足以让一国工业迅速崛起,毕竟,从这几轮机遇中脱颖而出的国家只是少数,因此产业立国的背后必然存在内在变量,成为产业崛起的决定性因素。福卡智库认为,从国家的角度出发,其在产业变局中的地位与经济周期、国民禀赋、地缘经济三大要素密不可分。

三个视角看产业周期

关于经济周期,经典经济学理论有不同的说法,如康德拉季耶夫周期、朱格拉周期等(见表8-1)。

表 8-1　四大经典周期理论

基钦周期	基钦周期的特点是经济活动会出现有规律上下波动,通常与库存变动密切相关。当厂商生产过多时,会形成存货,从而减少生产,这种现象会导致经济周期性的波动。基钦认为,这种短周期是由两个或三个短周期构成,每个短周期的平均长度约为 40 个月。
朱格拉周期	朱格拉周期也被称为设备更新周期或产能周期,是由朱格拉通过研究法国、英国及美国的商业危机后,提出的一种经济中可能存在的周期性波动。朱格拉周期以 7—10 年为一个循环,其中暗示了危机可能会突然发生且一般需要 1 到 2 年才能出清,而经济的繁荣则能够持续 6 到 7 年。
库兹涅茨周期	库兹涅茨周期是由美国经济学家西蒙·库兹涅茨在 1930 年提出的,描述了一种经济周期现象,其周期长度约为 15 到 25 年,平均约为 20 年。这种周期在许多经济活动中,尤其是建筑业中表现得特别明显,因此也被称为建筑业周期。
康波周期	康波周期,也称为康德拉季耶夫周期,是由俄国经济学家尼古拉·康德拉季耶夫在 20 世纪 20 年代提出的。他通过分析大量经济数据,发展经济中存在着 50—60 年的周期性波动。每一轮康波周期包括上升期的下降期。上升期通常伴随着繁荣和新技术的发展,而下降期则经历萧条和技术变革。

资料来源:福卡智库据公开资料整理

　　福卡智库认为，根据产业周期对现实经济结构影响程度，自轻而重，可以分为小、中、大三类周期。

　　从小周期的角度来看，典型如基钦周期（又称短波周期、库存周期），主要通过供需调节影响市场变化。以猪周期为例，当猪肉价格上涨时，养殖户会扩大产能，推动生猪供应增加；供应增加则导致肉价下跌，倒逼产能下降，导致生猪供应减少，又推动肉价上涨。类似的受市场供需的影响而发生的周期变化还有鸡蛋周期等。

　　从中等周期来看，主要是行业结构性变化带来的周期变化。事实上，上文所提到的猪周期近年来似乎逐渐失灵，自 2018 年以来出现暴涨暴跌的超长周期，根源在于行业的结构变了。以往的养殖业以农户散养为主，单个生产者更容易"追涨杀跌"，所以存在周期性的涨幅。然而，随着生猪养殖吸引大量资本进入行业，导致产能急速扩大，同时模式也由散户变为企业，最终整个行业偏离了基本供需，开始受结构变化影响（见图 8-1）。

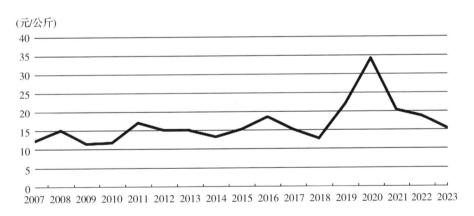

图 8-1　猪周期价格走势
资料来源：IFind

　　与此相类似的，远有智能手机的出现改变了手机行业的结构，近有新能源车大量进入市场后改变了原本的燃油车市场结构，这种结构变化比供需周期变化带来的影响更长久。

从长周期的角度看，经济文明周期或将影响一个时代的产业变化。第一次工业革命揭开全球由农业文明转向工业文明的序幕。此后，随着铁路、船舶与制造业机械的发展，人类对钢铁的需求量暴涨。以英国为例，根据《剑桥经济史》统计，1740 年英国生铁产量为 17 350 吨，而到了 1852 年英国生铁产量达 2 701 000 吨，一个世纪多的时间翻了 150 多倍。此后随着全球不同区域工业化、城镇化的驱动，几个世纪以来，钢铁产业与世界经济一直处于强相关的状态。当下，全球逐步走入科技文明，随着 AI 革命爆发，GPU 成为爆品。英伟达宣称："GPU 已经成为人工智能的稀有金属，甚至是黄金，因为它们是当今生成式 AI 时代的基础。"据 GPU Utils 在 2023 年的预测，H100（当下最受欢迎的 GPU）的全球市场缺口将高达 43 万张。

产业变局与地缘迭代

然而，即使是面临相同的经济周期，全球不同国家的表现也不尽相同，这就与不同国家所处的地缘条件有关。

在工业化初期，岛国率先利用地缘优势进行产业革命。第一次工业革命英国拔得头筹，这与地缘特性是分不开的。一来，其历来拥有吸收大陆国家先进文明并加以改造利用的传统。二来，其岛国的状态更容易保持相对独立的系统。当西班牙与葡萄牙在大陆混战中消耗国力的时候，英国可以凭借英吉利海峡保持相对稳定的社会环境，让新事物成长。三来，岛国天然向外扩张的势能倒逼英国走向海外贸易。

到了第二次工业革命后，全球产业重心开始向着新大陆转移。自第二次工业革命开始，美国逐步成为世界新一轮产业变局的中坚力量之一，离不开新大陆的特殊地缘作用。一方面，新大陆将本土的自然资源、市场空间与从旧大陆（欧洲）不断流入的劳动力、科技、资本相结合，自 19 世纪 70 年代后，美国进入经济的迅速发展时期，为产业革命积累势能。另一方面，新大陆意味着全新的发展空间。欧洲本土的政治、经济以及社会模式已经成型，在产业大变局面前已经出现历史的惯性。例如，英国过于依赖其广阔的殖民地市场来获得利润，而不是通过采用先进技术和更新设备来提高国内产业的竞争力。相反，美国作为全新的空间，在新市场、新政府制度落地时不受历史惯性的制约。因而在此期间内，新大陆主导了全球产业变局。

当下，随着陆权逐渐回归，产业变局中欧亚大陆的权重日益上升。英国地理学家麦金德在 1904 年发表《历史的地理枢纽》论文，首次提出了陆权论：尽管海权强国占过优势，但从长远的观点来看，陆权国家人力和物力资源丰富，海权国家终将被陆权国家压制。当下麦金德预言的实现已初见迹象，欧亚大陆的中心地区再度焕发了生机。

其一，世界经济中心开始从西方向东方尤其是东亚地区转移。全球有东亚、北美和西欧三大政治经济中心。东亚文明最古老，东亚现代化进程却最晚。近数十年发展，东亚后发国家创造了"东亚奇迹"，形成紧密的东亚生产网络，共同构成亚太产业链、供应链上的重要一环。2021 年，东亚在亚太贸易中的占比达 74.7%，在直接投资中的占比达 79.5%。历史趋势使然，产业、资本、技术、人员等在亚太自东向西转移扩散，形成以东亚为中心的亚太经济体。例如，东盟日益嵌入东亚生产网络，2020 年的地区贸易额达 1.5 万亿美元，为 10 年前的 1.4 倍。

其二，基础建设技术的进步极大地改变了世界经济地理和政治格局，如高速铁路、管道、特高压输电、大飞机等正在为陆权的回归创造条件。《历史的地理枢纽》提到，之所以出现大航海时代是因为葡萄牙人、西班牙人有了三尾船，可以进行跨洋远行；荷兰建造了大平底船，使海上奢侈品运输变成大宗商品运输，使波罗的海和地中海可以互通有无，晋升"海上马车夫"进而创造了商业资本主义；英国靠铁甲舰和蒸汽机成就了大英帝国；美国靠航空母舰和集装箱船形成了环世界物流体系。时光轮转到今天，技术的发展与基础建设的集成作用成为陆权回归的基础。陆权国家依靠交通、资源、产业等谋求战略纵深，并实现产业链的一体化、供应链的交错化和价值链的利益融合。例如，2019年开工的"欧亚高速铁路"项目，东起中国上海，西至荷兰鹿特丹，中间途经莫斯科、布列斯特、柏林等沿途大城市，总长近10 000公里。这个项目一旦建成，将带来中欧贸易的蓬勃发展——据俄罗斯塔斯社预判，到2050年时，亚欧高速干线的客流量预计将有3 690万人次，货流量1 260万吨。

其三，陆权大国开始注重在基建升级、组织建设的过程中推进区域整合、挖掘欧亚大陆"内循环"的潜力。一方面，发展区域合作组织已经成为亚洲地区加强合作和塑造区域秩序的重要方式。例如，RCEP（区域全面经济伙伴关系协定）使成员国之间的贸易规模不断扩大，贸易结构持续优化，带来了实实在在的政策红利。此外，上合组织、"10＋3"合作机制、亚太经合组织、东亚峰会、东盟地区论坛、亚洲合作对话、中阿合作论坛、中国—海合会战略对话、大湄公河次区域经济合作、中亚区域经济合作等多边合作机制，都在不断拓展亚洲地区的合作网络。另一方面，一系列务实、灵活、多边的非正式机制和新型合作模式不断涌现，与传统的正式地区机制共同构成亚洲区域合作架构的主体。例如，近年来，为推动阿富汗、"罗兴亚人"等地区热点解决，中国先后创建了"中国-阿富汗-巴基斯坦"（中阿巴）、"中国-缅甸-孟加拉国"（中缅孟）、"中国-中亚五国"等小多边合作机制。

地缘的力量直观地折射在欧亚国家产业竞争表现中：中国逐步成为欧亚大陆上最大的经济辐射中心，并不断以新质生产力追求产业升级；欧洲仍然是全球创新高地之一，根据WIPO发布的《2023年全球创新指数》报告，瑞士、瑞典、荷兰、德国、法国等国家依旧居于前列；俄罗斯不仅有技术积累，更掌握能源命脉支持制造业。这些都为陆权国家在产业变局中谋求优势地位提供了助力（见表8-2）。

表8-2　2023年全球创新指数前15名

排名	经济体	得分
1	瑞士	67.6
2	瑞典	64.2
3	美国	63.5
4	英国	62.4
5	新加坡	61.5
6	芬兰	61.2
7	荷兰	60.4
8	德国	58.8
9	丹麦	58.7
10	韩国	58.6
11	法国	56.0
12	中国	55.3
13	日本	54.6
14	以色列	54.3
15	加拿大	53.8

资料来源：WIPO《2023年全球创新指数》报告

国民禀赋与产业机缘

更进一步而言，国家在产业变局中的表现更与国民禀赋相关。

首先，地理、能源、矿产、人口规模等实体要素奠定了产业变局的基础。当年美国工业化之前的一个重要布局就是"西进运动"，通过对美国中西部土地资源的大开发，为工业化创造物质积累；如今欧洲工业少了来自俄罗斯的廉价能源，引发了产业出逃，高端工业向中国、美国转移，这无不体现实体资源的重要性。

其次，产业升级需要收入水平、市场规模、社会制度等一系列经济、社会条件的进阶。以社会制度为例，近年来外媒纷纷炒作印度崛起，其似乎在复制当年中国经济崛起的路线。其实，从实体禀赋看，印度或许有这个条件，然而在制度上，印度整个国家是松散的，莫迪的政策主张与国家的宏观调控对于一些地方邦而言，很难起到指引作用。而中国经济发展的助力之一就是政府与市场形成的复式化路径。由此来看，印度俨然是"一只脚走路"，产业升级也显得步履维艰。

最后，因种种条件而生成的人口素质、国民性格等"人"的因素，对产业变局亦有深刻影响。最典型的就是日本，西村吉雄在《日本电子产业兴衰录》中提出：日本公司很擅长研究"怎么做"，却疏于判断"做什么"。其罗列了日本半导体在 20 世纪 80 年代后面临的威胁，其中最重要的一个是存储程序方式的出现，使附加值的来源从硬件转移到了软件，在互联网普及后更是如此。但在很长时间里，日本人并没有意识到软件的高附加值。这在一定程度上是国民天性使然而造成的结果。

产业变局"铁三角"共振

经济周期、国民禀赋、地缘经济这三个因素构成了国家层面产业变局的"铁三角"。与此同时，在产业变局中，这三个要素又是相互作用的。

经济周期是发掘地缘经济、国民禀赋的重要机缘，缺乏其点化，产业变局便难以启动。近代产业格局主要由欧美主导，但其实非洲大陆、大清帝国以及殖民者到来之前的美洲大陆并非缺乏各种资源条件。只不过，这些地区没有像欧洲一样经历过工业化的洗礼，其地缘因素、国民禀赋根本无法发挥出来。

地缘一定程度上决定了经济周期、国民禀赋发挥作用的上限，是产业变局中难以扭转的"势"。世界产业转移的主线大致是"英国—新大陆—欧亚大陆"，背后基本与海权、陆权起伏的地缘因素变化一脉相承。未来随着英国、日本这样的岛国回归边缘的宿命，在产业大变局前，由于地缘变化的大势不在自己这边，英日在人才、技术、资本等要素上或将逐步失去优势。国民禀赋则被经济周期、地缘因素赋予动态变化的特性，影响产业变局的最终路线。

一国国民禀赋并非一成不变，而是受经济周期、地缘的变化而动态演绎。以美国为例，进入后工业化时代后，其第三产业自然而然地崛起，再加上产业转移，工业空心化似乎成为一种必然。此后，美国不仅逐步失去了工业强国的优势，更影响了未来产业变局的方向。在近期 AI 革命中，美国沉迷于文字、语音、影像生成的娱乐应用，对工业的整体改造却少有提及，与中国面向企业的应用方向形成鲜明对比。在可预见的未来里，中美在 AI 产业的布局或将形成偏重实体或虚拟之分。

从全球版图视角看，未来产业大变局中，各国因经济周期、国民禀赋、地缘经济将形成不同梯队。中美作为第一个"铁三角"下的两大要素，将成为主导变局的第一梯队。而一些中等强国，如英、德、日、韩等国，或是经济周期滞后，或是由于回归岛国边缘的地位，或是先天国民禀赋不足，更可能仅在几个支柱性产业上把持产业链的一角，成为第二梯队。而新兴市场则由于三角动态变化，可能在未来找到产业升级的位置，对于它们而言，机会与条件或将是并存的。

第九章 穿梭在经济周期下的产业变局

当下的产业变局是工业革命以来的非常态演化，经典周期理论已经无法适用于预测未来。而在非经典周期下，一是金融资本因素对产业变局前所未有的重要；二是科技因素或将呈现跳跃性变化；三是宏观政策因素或将引发更激烈的周期性震荡。这些新因素将在非经典周期中占据更多的权重，进而引发产业变局呈现"实体＋虚拟""非线性＋多元化""科技＋金融"的新特点。

经典周期理论是否"过时"

从 19 世纪 70 年代至 20 世纪初，这段时间是美国经济史上所谓的"镀金时代"，其间美国工业化进程向前不断迈进。宏观上，在 19 世纪 60 年代开始的第二次工业革命中，美国是其中坚力量之一。从 1860 年到 1890 年，美国大约授予了 50 万份专利，诸如建立电话商业网络的西奥多·韦尔、发明大量电器设备的尼古拉·特斯拉都是其中代表。至此，科技发展的中心由英国逐渐向西欧和北美蔓延。中观上，美国发展出一批以采矿、铁路以及大工厂为代表的重工业。例如，1890 年美国以粗钢 435 万吨产量超过英国当年的 363 万吨，成为世界第一产钢大国。微观上，以弗雷德里克·温斯洛·泰勒为代表的专家突破原有的管理理论，主导了现代企业应用机械化大生产的变革。所谓的"镀金时代"既是美国历史上一段重要的经济上升繁荣期，也是塑造美国现代工业的重要历史阶段。

实际上，自工业革命以来，各大经济体不断经历周期性的变化，与此同时，相伴而生的还有产业变革。美国的镀金时代只是其中一个缩影，镀金时代之后就是经济大萧条时代。在镀金时代中，电气革命与机械化大生产带来制造业繁荣；而在大萧条时期，服务业在美国 GDP 中的比重上升，医疗保健、教育与文娱类产业在此期间增长迅速。类似的事件在各大经济体已经上演过多次，然而，当下经济周期的演化似乎逐步脱离传统理论，连带着产业变局的方向逐渐模糊。例如，以往房地产行业呈现非常明显的反周期操作效应，具体来说，就是当房地产调控开始，很多房企便会通过银行贷款、夹层资金、商票、债券来和国家政策进行对赌，大规模圈地，等待未来房地产调控突然松绑。然而近年来，恒大、融创、碧桂园、雅居乐等房地产企业都或多或少地陷入债务违约的风险，似乎再难与此前的周期性变化挂钩。那么，传统经济周期缘何失效，未来又将如何塑造产业变局？

回顾经典周期理论，其代表为四大理论，从微观到宏观，依次是关注企业库存的基钦周期、关注制造业设备革新与资本投资的朱格拉周期、关注建筑业变动的库兹涅茨周期以及关注技术变局带来的康波周期。经典四大周期理论虽然角度不同，但本质上都是工业革命后的产物，遵循一定的思维惯性。

其一，经典周期理论都是从工业生产制造的角度来预测未来。随着集中化、工业化的普遍应用，产能过剩成为社会经济的周期性问题。朱格拉周期的发现者克里门特·朱格拉曾下结论："萧条的唯一原因就是繁荣。"即经济周期产生的根本原因就是产能过剩问题。当某一类行业成熟后，产能过剩就是长期存在的。在产能利用率低时，如果需求上行，会导致价格上涨，出现超额利润，就会提高产能利用率，产能利用率提高的速度必定快于需求上升的速度，否则会导致产品过剩，价格下行，利润走低甚至出现亏损，最终又引发了经济下行和产能利用率下行。伴随着这种起伏，就会出现"危机—衰退—萧条—复苏—繁荣—危机"的循环。所谓四大理论，都是基于产能过剩引发周期性经济变化的角度来预言经济发展，其中不过是微观与宏观、行业与企业的差别罢了。

其二，经典周期理论都遵循着一定的线性思维。以康波周期为例，经济学家普遍认为迄今为止已经有五轮康波周期，分别是 1782—1845 年（蒸汽机时代）、1845—1892 年（铁路化时代）、1892—1948 年（电气化时代）、1948—1991 年（计算机时代）、1991 年至今（信息技术时代）（见表 9-1）。相较于其他周期理论，康波周期关注到了技术变化对经济与产业的影响，似乎是脱离了仅从生产供需考虑问题的局限性。不过值得注意的是，康波周期所涉及的几次技术发展呈现线性连锁特征。某一方面的技术突破会依次传导创新动力，引起其他相关领域的技术发展。而到了后期，技术发展还会逐渐停滞。如果从线性思维推断未来下一波康波周期，那必然是某一项标志性技术的突破带来下一个新时代。

表 9-1　五次康波周期及其不同阶段

五次康波周期	繁荣	衰退	萧条	回升
第一波（蒸汽机）	1782—1802 年	1815—1825 年	1825—1836 年	1836—1845 年
第二波（铁路化）	1845—1866 年	1866—1873 年	1873—1883 年	1883—1892 年
第三波（电气化）	1892—1913 年	1920—1929 年	1929—1937 年	1937—1948 年
第四波（计算机）	1948—1966 年	1966—1973 年	1973—1982 年	1982—1991 年
第五波（信息技术）	1991—2004 年	2004—2018 年	2018 年至今	

注：1803—1815 年、1914—1919 年为战争期间

资料来源：B. R. 米切尔《帕尔格雷夫世界历史统计》经济科学出版社，2002 年

其三，经典周期理论对现实市场的假设条件相对而言比较简单。例如，以研究经济总量的周期性波动为主的传统周期理论，它是以市场经济为前提的。而凯恩斯周期理论、新古典周期理论则多以完全竞争市场为理论基础，而现实中的不完全竞争、外部性以及非均衡等现象也对经济运行有着重要的影响。从目标出发，经济周期理论往往试图把经济波动解释为某种具体的规则性周期，但现实影响经济运行的因素比经济周期理论所反映的要复杂得多。所以会有"短周期""中周期""长周期"的说法，试图通过各种长度不同的确定性周期的组合来解释和说明经济波动。又例如，经典周期理论在研究市场参与者行为时，往往遵循所谓经济人假设，但随着时代发展，这一假设存在的前提被抽离。亚当·斯密的经济理论中有一条就是人性自私论。市场经济也确实是建立在人性的这种自私基础之上的。但是，当社会发展到今天，随着市场经济的深化，广大老百姓逐渐被边缘化，再加上科技的进步，人工智能的崛起，大量的人被剥离掉社会岗位之后，此时社会的平衡就被打破，也不能再用市场经济的人性观来简单套用。

周期演化的新三大因子

经典周期理论的"惯性思维"，放在工业经济的环境下大致说得通，然而，这一轮的产业革命是工业革命300年来非常态的变局，未来经济周期变化将是非经典的，新的因素或将占据更多的权重。

一是金融资本因素，其对产业变局显得前所未有的重要。一方面，金融波动带来的影响前所未有地大。在世界分工格局的变化中，美国逐步形成了以金融业为主导的经济结构，制造业向发展中国家转移，美国以工业发展为因素的经济周期开始让位于金融周期，美国的金融周期又外溢到其他国家，影响其他国家的经济波动。远有自2008年金融危机以来，美国政府通过量化宽松的方式创造了海量货币，将原本应当爆发的危机延后至今；近有美联储在2022年和2023年以40年来最快的速度加息，以应对升至四年来高点的通胀。时至2024年7月，美联储依然按兵不动，连明确的降息安排都没有定论。由此可见，金融周期对经济周期施加的影响逐渐上升。另一方面，随着科技文明时代的到来，产业的崛起必然需要金融模式的创新。传统的金融模式下，银行信贷是最经典的融资方式，然而进入科技文明时代，银行的有限资金与科创需要的"无限资本"之间不匹配，在科创动辄数十年的前期投资中，银行作为传统融资渠道无法提供这种长期的资本支持；科技行业的高风险与银行的风险承受能力不相匹配，动辄九死一生的科创很容易血本无归，而银行的钱都是要还的。因此，在科技文明时代，不仅风险投资、产业基金等融资模式应当超越银行借贷，国家更要进一步创新资本模式，使之更高效地成为撬动科创的杠杆。未来金融模式的创新，很可能成为非经典周期下产业变局的底牌之一。

二是科技因素，其或将呈现跳跃性变化。科技周期是指科技创新和产业发展经历的一系列阶段，从初期概念到成熟应用，再到市场饱和与可能的技术更新换代。而未来这个过程很可能不再是线性变化。这一点，当下随着AI技术赋能其他行业已经初见端倪。例如在生物学领域，采用人工智能方法对多组学数据进行整合分析研究，已成为科学家探索生命奥秘和疾病机理的新方向。所谓多组学融合技术，是指结合两种或者两种以上的组学数据集来研究生物系统中多种物质之间的相互作用。将多组学数据进行整合，能够从大量并且繁杂的多组学数据中找到它们之间的内在联系。原本这个过程需要研究员通过人工不断进行筛查与反复验证，但AI技术的运用让效率指数级增长，相关研究突破或将更为频繁，技术转化到产品应用的流程也将被大幅度缩短。这或将导致科技曲线跳跃式变动。

三是宏观政策因素，其或将引发更激烈的周期性震荡。以往的经典周期理论也考虑过政策的影响，这种理论被称为政治经济周期。值得注意的是，政治经济周期理论仅从传统的选民和政党的博弈中寻找经济周期的因素，与当下世界各国普遍加大在产业变局中的政府权重的情况完全不同。例如，当下世界经历着从全球化到逆全球化的变动，以往的产业全球分工体系被割裂，美西方的"小院高墙"政策、担忧东亚政治经济危机的"中国＋1"布局此起彼伏。一般来说，企业的设备更新周期无非为了以新代旧，在全球化分工下，各个地区自有其节奏和侧重。但现在全乱了，各个经济体都在试图做产业链的复制或备份，激发巨大的产能更新与产业链重组。一定程度上看，以往的全球产业发展建立在以 WTO、自由贸易规则为标准的经济全球化基础上，但这个基础已经被美国毁掉了。实际上美国已经开始全面深化"去 WTO""反全球化"，不但继续贯彻"美国优先""让制造业回流美国"，而且还在贸易规则与贸易法案上，变本加厉地提出"重塑产业链与供应链""自由贸易让位给公平贸易"，鼓励"友岸外包""近岸外包"等以限制、阻止对华科技交流、贸易往来的"新规则"，并用 CPTPP（全面与进步跨太平洋伙伴关系协定）、IPEF（"印太经济框架"）等新区域性贸易组织替代 WTO 等传统贸易组织。在此背景下，经济周期面对的市场基础前所未有的复杂，这或将加大周期波动。

未来周期下的产业演化之路

随着金融、科技、政策等要素在未来经济周期中的权重上升，未来产业变局也将显现新的特点。

其一，产业由单一的实体制造，变为"实体＋虚拟"的复合模式，从而创造全新业态。譬如，自工业化以来，根据基钦周期理论，企业的周期调整受生产与库存变化的影响。然而，伴随着互联网信息技术的普遍运用，企业产品的流通渠道已经在"实体"与"虚拟"两条线中分化、整合、洗牌,以差异化功能为主而衍生出专场与大型综合体。

一是信息技术、交通和金融重构专业店的"人货场"。小到咖啡,传统巨头星巴克早在 2018 年就与阿里达成战略合作,接入饿了么、盒马、支付宝等多个业务线,从支付到外卖,再到借助"外送星厨"由职场向家庭生活渗透,争抢中国万亿规模的潜在咖啡市场。大到家居,比如 HomeTimes(家时代)提供的智慧门店范本,线下店铺电子价签实时同步线上价格,扫描二维码即可完成下单,商品管理、结算管理、门店引流、物流配送等全环节打通。

二是信息、体验、资本、物流集大成的超大型综合体。零售业态整合分化之后,购物向"上",体验向"下"。与线上直奔主题的强目的性消费不同,线下的综合体更重要的作用将是让消费者在丰富且高度匹配的体验中"发现需求"。这就需要对信息和数据资产的充分运用,彼时,消费行为、支付手段和物流等将是支撑体验的"基建"。一言以蔽之,产品向市场流通的历史由资本、物流、技术、禀赋等推动,沿"百货—超市—连锁—大卖场—便利店—线上—线上线下—自有 + 网络 + 专场—多样体验 + 多维方式"功能分化,且多业态并存。

基于这样的颠覆性变化,有些企业的库存业态已经大有不同。小米手机就是实行的零库存战略。具体而言,小米手机利用 C2B 模式(customer to business),消费者先支付再预约发货。这样小米就可以先拿到订单再组织零部件采购和生产,减少了需求不确定性和库存的压力。这种模式为小米零部件的采购和生产提供了重要的参考信息,虽然不能真正做到没有库存储备,但可以长期使得产品库存保持在极低的水平。当下,越来越多的产业已经意识到要面对线上、线下两个市场;未来这些产业的业态或将像小米那样,让实体与虚拟两种模式相互优化调节,创造全新的业态。

其二,未来产业或将呈现非线性、多元化爆发。在工业文明下,历次技术变革往往是某一项技术突破带动产业变化，并且遵循一定的线性发展。但随着科技曲线呈现跳跃性发展，产业变局或将呈现非线性、多元化的特征。非线性体现在某些产业或将突然呈现出指数级增长。例如，根据 IDC 的预测，未来 3 年全球新增的数据量将超过过去 30 年的总和。这些将使得数据存储、数据传输、数据处理的需求呈现指数级增长，不断提升对算力资源的需求，从而引发 CPU、GPU 等各类计算芯片需求的爆发。受益于此，英伟达 2023 年第四财季营收、净利润分别同比猛增 265%、765%。

随着 AI 技术不断点化各行各业，算力芯片的疯狂增长可能只是一个开始，未来如 AI 汽车、人形机器人等行业也可能迎来产业指数级增长的时间点。多元化体现在产业变局的路线未必是单线的。科技文明时代的特点之一，就是不会仅局限于单一技术突破引发产业变局，而是多重技术的突破构筑未来蓝图。以新能源汽车市场为例，当下锂电池路线是主流，但同时也存在其他技术路线。智己、岚图、蔚来、东风等厂商都在对固态电池进行研究，多家车企将固态电池的量产计划预设在 2026—2030 年之间。固态电池被寄予了破解电动车续航里程短、充电时间长等补给焦虑的厚望。如果固态电池可以成功攻坚，又将是一条区别于锂电池汽车的全新赛道。

其三，产业变局将呈现"科技＋金融"双重破局的特点。未来，产业变局或将更多地强调找准金融支点、撬动科技创新。例如，科创企业虽然具有高成长性，但存在投资周期长、投资风险高等问题，以往的金融模式在有效覆盖科技创新全链条、科技型企业全生命周期上，仍存在短板。为此，国家越来越强调供应链金融模式创新。深圳目前已据此推出"产业互联网＋供应链金融＋数字化平台"服务模式，针对核心"链主"企业搭建供应链服务平台，"一链一策"设计个性化技术方案，实现"一点对全国"，为产业链上各单元提供安全、可靠、便捷的供应链金融科技解决方案。截至 2024 年 3 月末，这一模式已与 132 家核心企业及其产业链开展合作，服务全国链条企业超 6 400 户。

值得注意的是,"科技＋金融"双重破局的最优模式在全球范围内尚未找到最优解。从历史上看,美国华尔街模式与硅谷科技产业曾经有过相互成就的佳话。然而,当下华尔街式的老金融与新科创之间的时代脱节正在被顶向明面。

一方面,随着科技文明时代到来,科创由单一的互联网巨头主导转而向多元化主导,实体高端制造比重正在上升,这与金融原罪相冲突。以往硅谷的互联网巨头,例如 Meta、X 等,一定程度上更偏向于虚拟经济,在与实体经济的冲突上,与金融业不谋而合。但当下无论是特斯拉、SpaceX,抑或生物医药、芯片制造、航空制造等行业,其形态更接近于实体高端制造业,作为行业龙头,辐射下游一众产业链。而资本本质上是逐利的,只会在全球寻求成本洼地。像特斯拉这样恨不得从锂矿开始自己挖的作风,与金融的天性背道而驰。

另一方面,华尔街模式无法收敛全球资本,优化配置的功能正在消解。金融空转掏空了美国实体产业并非什么秘密,只不过以往美国经济还能够通过金融产值来抹平账面,但这一点已经悄然改变。且不说,2022 年美股 IPO 和增发规模断崖式下滑,2022 年一级市场 IPO 规模仅为 2021 年的 1/3。其用来"弯道超车"传统 IPO 模式的 SAPC 模式(特殊目的收购公司,类比借壳上市)也成为市场"弃儿"。在 2020 年和 2021 年期间,超过 850 家 SPAC 筹集了大约 2 450 亿美元用于寻找交易。但市场很快发现,很多公司根本没有准备好,匆匆上马只为圈钱。2023 年彭博社汇编的数据显示,有近 100 家以这种方式上市的公司,手头没有足够的资金来维持其支出。其中有 73 家公司的股价低于每股 1 美元,很有可能从纽约证券交易所和纳斯达克等主要交易所退市。

就此而言,在全球产业竞争中,"金融"＋"科技"的最优模式破局探索，将会是各国重要的一记"胜负手"。未来各个经济体或将加速探索金融点化科技的新模式，以在产业变局中赢得优势。

专栏 9-1：全球新旧周期切换

百年未有之大变局时代，旧周期与旧秩序被打破，新周期与新秩序尚在建构中。在政治层面，新兴国家不断挑战着旧秩序。美国、欧洲等西方国家向全球投射影响力的实力开始衰落，旧的势力范围收缩：金砖国家大幅扩员、欧盟扩员计划受挫；美国"主动对外战略收缩"，欧亚一体化则在深化合作……新旧势力不断博弈交锋，国家主义回归、全球化转向区域化等加大了经济、金融、地缘、思潮等的动荡洗牌。在经济层面，世界经济周期从增长到放缓，中美两个世界最大的经济体均陷于各自的经济困局。一边是，美国自由市场经济"走邪入魔"，过度金融化"脱实入虚"。经济的过度金融化引发美国制造业空心化：企业层面的金融化破坏了创新型企业的生存土壤，导致美国工业能力逐渐被掏空；宏观经济政策的金融化则导致金融资本与产业资本逐渐解绑。另一边是，尽管中国经济依然正增长，但传统红利引擎趋于衰退，在人口红利与工业低成本优势逐步丧失、外向型制造业转型升级、土地财政收紧和老龄化加深等因素的交叠作用下，或将直接牵连全球经济走势。

在新旧周期切换下，各国产业发展将呈现出结构性分化态势。一方面，后发国家与先发国家分化。《IFF2023 年全球金融与发展报告》预测，2024年全球经济增长预计将保持在 3.1% 的疲软水平，其中发达经济体将增长1.3%，发展中经济体将增长 4.3%。摩根士丹利预计 2024 年发达市场的增长将低于趋势水平，而新兴市场的增长前景将喜忧参半。另一方面，全球贸易、产业内部出现结构分化。从各国表现看，发达国家需求疲软，对全球贸易造成较大影响。新兴市场国家贸易增速较高，成为推动全球贸易增长的重要引擎。传统大宗货物的国际贸易相对疲弱，包括手机、电脑等电子类消费产品，以及一些传统劳动密集型产品。新能源汽车、光伏，以及数字贸易等新产业、新业态，正成为国际贸易中的亮点。综上，全球经济增长放缓显示出典型的结构性分化，传统左平右衡的政策经济效能有限，美国、欧洲、亚太和非洲等国经济压力重重，世界经济仍未走出长期性危机，但基于新旧引擎切换、全球经济趋于分化等变量，此次世界性危机既非大萧条，也非大衰退，而将呈现出增长萎缩与替代乏力之特征。

专栏 9-2：无限资本与金融模式创新

科技经济时代，风险投资、产业基金等创新金融模式的数量理应超越银行，成为撬动实体经济的杠杆，为科创企业的孕育和孵化注入动力。新兴战略性产业是经济发展的重要推动力，也是世界各国博弈新一轮经济发展制高点和全球高端价值链的重要途径。对于风险投资，以美国为例，战略性新兴产业是美国风险投资最为核心的领域，集中在 IT、生物医药和新兴消费三大新兴产业，投资占比分别为 50%、30%、10%。对于产业基金，国际上较为成熟的产业基金的主要特点之一就是对社会资本的撬动。以色列政府产业引导基金规章中要求产业引导基金至少吸引 60% 的社会资本参与。欧洲大陆和日本政府出资更低，只在 5%～7% 之间。而美国政府的出资在整体产业引导基金占比的比例不足 3%。

而银行最终将成为维系社会金融稳定的保险机构。银行联系量大面广的投资者和融资企业，构筑以银行稳定为核心的金融安全网已经成为全世界的共识。吸取金融危机的教训，未来银行将成为维系金融体系的"压舱石"，起到类似保险机构的作用。

第十章　产业变局下的国家竞争本质

国民禀赋是在物质禀赋的基础之上，衍生出的国民内在特征。国民禀赋的差异促成各国经济文明的代差，但在全球化时代，工业时代产业分工与互联网格式化，使得这些代差在一定程度上被抹平。未来随着逆全球化与科技文明到来，国民禀赋在各国产业变局中的权重或将回归。

国民禀赋从何而来

维拉·扎马尼在其著作《欧洲经济史：从大分流到三次工业革命》一书中，对比了欧洲各国的禀赋条件，探索其对欧洲产业变局的作用。譬如，易于开采的英国煤矿和铁矿资源是工业革命兴起的一个重要因素。作为一个岛国，英国各地的工业化发展比较均衡，苏格兰、威尔士、曼彻斯特、米德兰兹、东安格利亚、伦敦等地各有蓬勃发展的主导产业。又譬如，德国在 18 世纪还有几百个"独立小国"，1871 年统一之后才实现了迅速、持久的经济起飞。其拥有大量的煤矿资源，很快成为电力、化学、钢铁等重工业领导者。

以往，谈及一国禀赋，往往聚焦的是基于自然、历史与社会条件形成的物质禀赋，包括自然资源、地理地貌、土地规模、气候特点等。其中一部分禀赋是自然演化中赋予的，例如德国的鲁尔区，该地区以其丰富的煤炭和钢铁资源而闻名。其自19世纪中叶以来就成为德国工业化的重要支柱，在此地诞生的克虏伯工厂所炼制的"克虏伯钢"，为当时德国产业与军事地位奠定了基础。

另一部分禀赋则是在历史和社会的动态发展中获得的，这一点在全球殖民时代中极为典型。在第一次工业革命中，棉纺织业在从生产力到游戏规则的变革中起到举足轻重的作用，历史学家霍布斯鲍姆认为，"谁说工业革命，谁就在说棉花"。而英国本身并非原棉产地，但其通过殖民控制的印度既获得足够的原棉供应，又得到广大的市场。正是立足于印度的禀赋之上，英国才有了自身棉纺织业的爆炸式发展。

然而，对于历史上多次产业变局而言，更深层次的在于全方位国民禀赋的作用。所谓国民禀赋，强调的是在物质禀赋的基础之上，衍生出的国民内在特征。

一方面是基于现实环境衍生出的无形禀赋，包括市场体制、社会氛围、资本市场活力、国际影响力等等。譬如地区资本市场的活力与其天生的地理区位、自然条件息息相关。英国伦敦是全球知名的金融中心城市，而其金融神话最早扎根于海运贸易的繁荣之上。地理大发现后，随着欧洲与新大陆之间的贸易日益频繁，伦敦凭借着衔接二者的区位优势以及天然港口的地理优势，逐步成为当时大西洋的贸易中心，港口吞吐量一度居世界首位。繁华的港口首先带来了便利的要素流通，资本、商品在此处汇聚交通。其次为了给航运提供金融支持，包括融资、结算、兑换在内的各类金融服务开始显现，金融与航运相互成就。甚至进入信息化时代，金融交易网络显现出全球一体化的特点，伦敦时区处于亚太时区和美洲时区之间，是全球24小时不间断金融交易的中介场所，是联系欧洲市场与北美、亚太和中东地区的桥梁。

另一方面是在特定环境中形成的人文禀赋，包括人口规模、国民性格、教育水平、文化观念、人才吸引力等一系列要素。工业革命的火种最初在欧洲被点燃，既离不开哥伦布、库克、麦哲伦等冒险家开辟航运，为自由贸易奠定基础；也离不开卢梭、笛卡尔、伏尔泰等思想家探索社会理论，为资产阶级革命埋下伏笔。而这些冒险家、思想家在欧洲遍地开花并非偶然。欧洲的地理环境天然不适合大一统制度，欧洲海岸线犬牙交错，每个半岛都形成各自的语言、种族和政府；阿尔卑斯山脉、比利牛斯山脉等山脉将欧洲分隔成几十个独立的行政单位。欧洲因此形成了许多小的分散的核心地区，这既有利于思想的多样性，为哲学的发展提供了沃土，又有利于冒险家在各国寻找机遇，更刺激着诸多国家向外拓展的竞争意识。哥伦布先后服务于法国昂儒公爵、葡萄牙国王、塞多尼亚公爵，最终才找到自己的支持者西班牙国王；卢梭的《社会契约论》在不容于法国政府后，在瑞士、英国等地继续传播思想。

国民禀赋拉开经济文明代差

正是这些不同水土孕育出的不同国民禀赋，使得全球不同国家之间形成经济文明的代差，影响了这些国家在产业变革中的角色。具体而言，以下几个对照组最为典型。

一是岛国与大陆。一方面，岛国善于吸纳外来文明的特征与向外扩张的动力，往往能率先求变，占据先发优势。工业革命中，岛国英国率先进入工业化；在东亚，岛国日本领先完成工业化。究其原因，大陆自给自足的经济体系缺乏向外拓展与系统革新的原动力。根据加州学派的大分流理论，在区位上，中国拥有广阔的海岸线，而且在 15 世纪拥有最先进的航海技术。但是，中国的体量使其更青睐发展自给自足的经济模式，缺乏海外冒险动机。即使出现了被证明可行的有利的制度创新，仍然因循守旧于早期发展的特定模式。另一方面，一旦大陆经历工业化洗礼，陆权国家的资源被有效整合，其在产业变局中往往上限更高。工业化带来的基础建设关联起陆权国家不同区位，各种要素得以整合，投入到产业变局中去。且大陆农耕文明逐水而居、安土重迁的文化底色使得政府在统筹全局、集成要素、设计长远战略规划等方面更加得心应手。反之，岛国天然闭塞的自然环境衍生出的文化思维，也在潜移默化中影响产业变局的上限。

二是大国与小国。小国资源稀缺、地域狭小等特点决定了其既要拼"专业化"向外拓展，又要尽可能打造"闭环"产业链。以印度尼西亚为例，该国试图以本土镍资源为基础，打造相关产业链闭环。自 2020 年起，印尼禁止了镍矿石的出口，将生产加工本地化，提高产业链附加值；2021 年，印尼成立印尼电池公司，规定所有在印尼本土投资的外资电动汽车电池公司都必须与其合作；2023 年，印尼加大税收减免政策力度，推动电动汽车的本土化生产。可见，印尼政府正试图构建从上游矿场加工，到新能源电池，再到汽车生产的闭环产业链。相较之下，大国的市场天然是多层次的、差异化的，因此更倾向于通过集成产业链各个环节作战。美国产业往往是在全球范围内布局，自身以研发、知识产权、标准、战略等方面为抓手，形成了一套行业规则的垄断。再通过苹果、谷歌、亚马逊等本土高科技龙头企业为"引链者"，以标准规则从源头主导和控制技术进步的方向和节奏，进而集成全球产业链，为其产业服务。

三是沃地国家与贫瘠国家。沃地国家或是资源充足，或是气候宜人，正因如此，容易导致资源依赖、削弱人的能动性，使其产业在工业化中滞后。反之，贫瘠国家天然有劣势，因而不得不从技术创新中寻找出路。《枪炮、病菌与钢铁》一书中，记载了一个有趣的案例：20 世纪 60 年代，韩国、加纳和菲律宾都是十分贫穷的国家。大多数美国外交官打赌加纳和菲律宾的经济即将腾飞。他们的理由是，加纳和菲律宾都是温暖的热带国家，容易种植粮食，自然资源也很丰富。相比之下，韩国寒冷、资源匮乏，缺乏有利条件。而后续的发展则超出当时美国外交官的预料。如今来看，韩国的几个优势产业，包括半导体、汽车工业、钢铁工业，乃至俄乌战争后兴起的军工产业，无一不是以技术突破为基础。而在资源沃地国家，当地食物丰富，人类获取生存资源相对容易，缺乏扩大再生产的动力。甚至有的国家凭借原材料出口躺着赚钱，被困在产业链低端，遭受"资源诅咒"。

两个"优等生"的产业之痛

进一步聚焦到具体国家，日本、德国两个国家鲜明地反映出经济文明代差所引起的产业之痛。

日本制造业逐渐走偏是其陷入工匠、执念、善巧这个"不可能三角"的必然结果。精益求精的工匠精神、对追求极致的执念、灵活适应市场变化的善巧这三者无法兼得。对于日本而言：

工匠与执念是其国民禀赋、历史文化等多重因素影响下的天然属性。首先，工匠精神是日本制造的底色，是打开全球知名度的重要名片。在日语中，有一个词语为"工匠气质"，即全心全意地钻研并精进技艺，同时拒绝因金钱的诱惑或时间的紧迫而违背自己的初心作出妥协。二战后，日本政府对工匠精神的保护与支持让其真正融入各行各业，尤其是制造业。如拥有 5 位匠人的小林研业是抛光技术领域的"隐形冠军"，曾在 4 年内研磨了 250 万个 iPod 背板镜面；又如拥有 6 位匠人的冈野工业其领先的冲压技术能赢得美国国防部订单，工匠精神是推动日本制造业不断勇攀高峰的重要推动力。

执念是日本国民性情的内在演化。本尼迪克特在《菊与刀》中表示，"在日本人的生活中，耻感有着非常重要的地位，其意义表现在所有人都非常在意社会对于自己行为的评价。人们只要推测其他人对于自己的判断或评论，便会调整自己的行为"。害怕失败带来的耻辱，更害怕辜负日本制造的名誉，这便滋生了执念。从"逆向工程"到"科技创新立国"，日本凭借着这份执念，诞生了全球销量领先的汽车品牌丰田、销量口碑双丰收的相机品牌佳能和尼康……随着日本制造业一步步走向辉煌，日本企业的执念也愈发根深蒂固。

更进一步而言，日本制造业在工匠与执念的影响下愈陷愈深，善巧方便更无法触及。"今日之是不可执，执之则渣滓未化，而理趣反转为欲根"，当工匠有了执念，便会执着于自己，失去对外界的客观感知，与善巧愈发背离，最终桎梏了自身发展。

德国制造业则以"隐形冠军"闻名——部分中小企业在国际市场上处于领先地位，在行业外的知名度却并不高。如：只生产螺丝、螺母，却在全球80多个国家有294家销售网点、年销售额达到70多亿欧元的伍尔特公司；年收入仅有700万美元，但产品出口全球50多个国家的儿童泡泡水的生产商海因公司；只生产滤水器，却占据全球同类产品市场份额85%的布里塔公司。这类公司雇佣人数并不高，往往不超过500人，但却通常享有50%以上的行业市场份额，有的甚至高达70%或90%，并创造了德国约60%的就业，对德国经济的贡献率更是高达56%。

隐形冠军的特殊业态是德国保守、严谨、专注、低调的国民性在产业上的投射。隐形冠军的业态是对专一领域产品与客户的聚焦。这些中小企业往往专注于某一类能使自己一枝独秀的业务，在对这类业务的不断创新中使其在世界市场上保持着长期竞争优势；在以全球为范围的生产、销售过程中，规划瞄准的也是该领域内的全球增长空间，在其价值链可把控的环境上深度发展；与此同时，其技术与产品也始终与该领域的客户保持着高效、良性的沟通，以保证产品与客户需求的长期一致以及客户的高度依赖性。如地处德国奥斯特菲尔登小镇的"隐形冠军"皮尔兹公司，最初仅为生产玻璃灯泡以及简单水银开关的小作坊，后期由于紧紧抓住了突破性电器元部件微型化的趋势，从而进军继电保护器材生产领域，如今已发展到全球拥有 42 家分公司的阶段，并始终在此领域深耕。

但问题在于，德国的"隐形冠军"往往始终隐藏在价值链的"后方"，消费者通常无法从最终产品或终端服务中辨认出这类产品的存在，企业长期在产业外隐形并普遍呈现家族化的特点——虽然这些企业在产业深化过程中以高端制造为切口，构成了机械、元器件或整个生产和服务流程中极为必要的环节，但却从不以"上市"为目标，也难以取得上市的资质；家族企业家靠着与员工利益的一致性来维系双方的劳动关系，通过"伙伴式"对话的"劳资共治"体制解决彼此之间的利益关系。这样在一定程度上虽然避免了被资本操纵，但对企业现代化运营以及长远的发展也都形成了新的桎梏。

日本、德国作为全球产业竞争的两个优等生，其产业困局不仅仅是外部力量冲击、挤压的结果，更在于内部禀赋。可以说，正是二者内生的国民禀赋成为国家产业之痛的根源。

产业竞争如何利用好禀赋优势

在以往的产业变局中，这些经济文明的代差一定程度上被抹平了。一方面，工业时代产业分工的需求引爆全球化浪潮，各大经济体被统合在经济全球化的系统中。在以往全球化浪潮迭起的时代，各个经济体不再是封闭的系统，而是相互关联、相互渗透，先发国家为了寻找成本洼地，不断地向后发国家转移产业链，国民禀赋造成的差异性在这个过程中被缩减。另一方面，在信息时代中，互联网又进一步抹平国民禀赋的影响差异。信息时代大量的生产方式从线下搬到线上，冲淡了现实国民禀赋差异造成的影响。数字游民的兴起就是佐证：码农是互联网经济的重要生产者，只要提供网络，无论在发达地区的纽约、伦敦，还是在新兴市场的曼谷、圣地亚哥，都可以随时随地办公，而不受地域空间的限制。不过，进入新一轮产业变局后，不同国民禀赋造成的经济文明代差又被推上高地。

一来，去全球化浪潮分割了自由市场，全球出现经济板块化特征，内部国民禀赋的影响权重被拔高。当下，各国纷纷在产业政策上加码，以往英美等发达经济体笃信自由市场，对政府直接出手扶持产业发展往往讳莫如深。但随着新一轮产业竞争白热化，国家在产业变局中权重不断攀升，与所谓"自由市场"渐行渐远。与此同时，各经济体之间结成板块。学者李稻葵认为，其中影响力较大的是以美国经济为核心、以西欧尤其是德国经济为核心和以中国经济为核心的三个板块。由于每个板块间的要素流通成本被抬高，世界产业链难以形成以往相互补充的格局。未来各大板块的产业前景内部因素的权重更大。

二来，科技文明下，创新能力或将是各国产业竞争中的核心要素，国民禀赋中的"人文禀赋"变得前所未有的重要。要比拼创新能力，各大经济就要比拼谁是创新的乐土，谁能培养出更多优质人才。目前各国都在为产业变局积蓄人才优势，例如面对 AI 时代，美国能源部（DOE）和美国国家科学基金会（NSF）制定了一项试点计划，到 2025 年培养 500 名新的研究人员，以满足对人工智能人才不断增长的需求。在中国，2024 年，人力资源社会保障部等七部门印发《关于实施高技能领军人才培育计划的通知》，计划从 2024 年到 2026 年，联合组织实施高技能领军人才培育计划，围绕国家重大战略、重大工程、重大项目、重点产业需求，力争在此期间全国新培育领军人才 1.5 万人次以上，带动新增高技能人才 500 万人次左右。

放眼未来新一轮产业变局，各大经济体的竞争优势或将向国民禀赋回归。

其一，中美或享受超级大国的红利，成为引领者。有些特定的产业是独属于超级大国的。例如商务大飞机行业，全球只有美国波音系列、一体化后欧洲支持的空客系列、中国商飞系列得以出头。未来的 AI 产业，除了中美之外，欧洲、日本等经济体似乎也只能处于第二梯队，因为这种资本、能耗双高的产业，也基本只有超级大国才能孵化。

其二，中小强国产业链综合布局上的优势衰减，或将更专注于垂直赛道。当前日、德、韩等国家虽然在制造业各品类上还有一定的数量优势，但从趋势看，其市场份额不断被超级大国侵蚀的态势可能在所难免。例如在船舶领域，中国正不断地挤出日韩的市场份额；又例如在芯片领域，美国的《芯片和科学法案》反而率先降低了日韩的半导体出口。这些中小强国未来或将更倾向于专注某几个品类的垂直赛道深耕，表现为仅占据产业链的某一个角落或是以赌的方式押注单一赛道。

其三，某些经济体经历了科技文明点化，其国民禀赋迸发出新特点，或将加持其在未来产业变局中的表现。例如，当下的沙特阿拉伯逐渐显现出向数字经济转型的契机。以往的中东沙漠不适合农业、工业的发展，仅靠当地石油支撑起国民经济的大头。但在触碰科技文明后，先天不足的自然禀赋反而让人们更倾向从想象中汲取力量，同时为了摆脱单一的经济结构，整个国家也有原生动力去孕育科幻级别的产业。2024 年，黄仁勋提出主权 AI 的概念，在与英伟达进行"主权 AI"合作的国家中，沙特阿拉伯与阿联酋已赫然在列。总体而言，未来产业变局中，有些国家可能会因国民禀赋变化而在产业变局中显露新优势，但大国与小国的产业大概率还是出现正态与偏态分布的差异。

专栏 10-1：国家的"先天基因"

国民禀赋是一个国家的"先天基因"，可以在很大程度上决定国家的发展轨迹。早在 100 多年前，中国才刚经历了八国联军侵华战争，彻底沦为半殖民地半封建社会的时代，英国战略家哈尔福德·约翰·麦金德就从中国的国民禀赋出发，以透彻的识见与严谨的考据在《历史的地理枢纽》一书中作出了中国崛起的"神预言"：中国拥有广袤大陆和海洋，同时拥有枢纽地带和边缘地带优势，足以使中国走向世界。而能否好好利用国家的"先天基因"，作出顺应时代机缘的历史选择就是国家的"后天努力"。

专栏10-2：沙漠与科幻之缘

基于现有的经济积淀、发展空间、转型阻力等各种因素，部分经济较发达的地区，基于守成心态触碰科幻的动力相对较弱；那些较为贫瘠的土地，反而在"放手一搏"中更有意愿孕育科幻，进一步收敛。

第一，某种程度上，似乎历史越深重，科幻就越"浅薄"，文化土壤的差异导致了科幻文化的不同取向。在经济发达、历史悠久的国家和地区，文明的早熟使得社会偏向于守成。人们更看重秩序与稳定，而不是新事物与新思维，因此不愿去接受那些颠覆传统的想法。没有了冒险与创新的精神，想象力被层层束缚，创造力也随之衰弱。在这种环境里，新奇的设想与激进的思考方式很难得到认可。与沙特、以色列等新兴科技强国比，历史上，伊朗文化的显著特点就是积淀深厚。到目前为止，伊朗依然是由伊斯兰原教旨主义者掌权的国家。原教旨主义者多偏向于依靠"回到从前"去寻找安慰，强迫妇女回归家庭及戴上面纱等，国家很难面向未来进行天马行空的畅想。

第二，经济基础越牢固，科幻就越难扎根，经济后发地区更需要科幻产业的开拓和带动。在经济繁荣的地区，城市经济的发展脉络是多元的、丰富的，因此依靠现有的工业基础和社会文明就可以自给自足，强行植入的新兴产业未必能负担得起高价格的生产要素，如土地、劳动力等。而在西部沙漠地区，往往百废待兴，有较大的空间和意愿去承接新兴产业的到来，以此带动当地经济和文化的发展。

第十一章　地缘经济与产业
"偏态"之痛

对于中小国家而言，地缘经济的束缚使其科技产业更多呈现偏态发展。具体表现为：这些中小国家或是缺乏将技术突破转化为经济红利的能力，或是在技术路线上只能押注有限的路线，或是依托于产业链上的一环发展。但对于中美这样的超级大国，地缘经济的优势使其享受超级大国的红利，助力其成为产业变局的引领者。

中小强国的"偏态"之痛

《枪炮、病菌与钢铁：人类社会的命运》一书的作者贾雷德·戴蒙德倾向于从地缘角度去诠释人类历史的变迁，在科技发展的层面表现为地理环境决定了科技研发的地缘聚落。戴蒙德认为全球各大陆的轴线走向可影响人类发明的传播速度。无论是人类还是自然界，都在努力适应与纬度有关的气候特点。事实上，地缘在一定程度上影响了人类科技的变迁史。例如，富含矿产资源的地区，往往能够更容易获取到石油、煤矿、金属等重要资源，从而为科技创新提供了坚实的物质基础；而水道密集、人口稠密的地区更容易发展工业聚落。纵观当下一些知名的科技强国，其产业发展与地缘经济更是息息相关。其中，以色列、日本最为典型。

以色列本身资源优势不足，耕地少、半干旱性气候、降雨量小、季节性强、区域分布不均、淡水资源缺乏等问题极为突出。于是，整体农业转向集约化发展模式，同时专注附加值高的农产品，如蔬果、花卉，向欧洲供给，成为全球较为有特色的农业科技集群典范。另外，以色列同样是沙漠中的半导体传奇。在2020年，以色列半导体初创公司数量在全球排名第二，仅次于美国。类似的，在有限的土地资源上，以色列发展半导体这种技术人才集中型的产业，更符合本身地缘经济的特点。

日本则是岛国，孤悬于海外，本身对外资源依赖性极大。一方面，日本被倒逼通过技术革命解决先天不足的问题。例如，日本钢铁业的核心竞争力在于技术创新，这包括炼钢时能源利用效率的提升、废物回收与再利用的技术创新，以及在特殊钢铁材料研发方面的成果。另一方面，日本产业积极对外布局。不少日本大型企业在海外拥有大量的研发中心或制造中心。日本海外资产规模庞大，甚至有"在海外建造了一个隐形的日本"的说法。

然而，以色列、日本等科技强国虽然名声在外，但在地缘经济的影响下，更多体现的是一种偏态发展，具体表现在：

其一，这些国家往往缺乏将技术突破转化为经济红利的能力，更多的经济效益被更大的经济体所攫取。例如，表面上看，以色列本国拥有超过7 000家创新科技公司，是全球创业公司最为集中的地区。在2020年，以色列半导体初创公司数量在全球排名第二，仅次于美国。可惜的是，以色列在半导体产业上始终有两大偏态：一来其只能占据芯片设计这一环节；二来虽然初创企业多，但最后往往是被其他国际巨头收走，果实也是别人的（见表11-1）。2023年，高通收购了以色列Autotalks公司，该公司芯片产品可用于汽车智能化浪潮。大部分以色列半导体企业的路子是这样的：成立一家初创公司—在某个领域得到突破—被巨头收购—开启下一轮创业。如此看来，以色列颇有"为他人作嫁衣裳"的意味。

表 11-1 部分被收购以色列企业汇总

公司	主要产品	被收购时间	收购者
Anobit	闪存控制器	2011 年	苹果
Altera	FPGA 芯片	2015 年	英特尔
Mobileye	自动驾驶芯片	2017 年	英特尔
Camerai	AR 与计算机视觉技术	2018 年	苹果
Habana Labs	AI 芯片	2019 年	英特尔
Mellanox	无限宽带技术	2020 年	英伟达
Tower Semiconductor	晶圆代工	2022 年	英特尔
Autotalks	车载通信芯片	2023 年	高通

资料来源：远川研究所

其二，这些国家在技术路线上仅仅只能押注有限的路线，其容错率极低。例如，日本自身资源匮乏，可选择的道路本身就不多，且国内市场规模和需求有限，相对大国来说，其能供养的技术路线是有限的。在能源层面，日本从 20 世纪 80 年代开始，就在氢能源的研究和发展上投入了大量资源。随后，日本将氢能定位为核心二次能源，提出了建设"氢能社会"的愿景，并发布了《日本再复兴计划》《能源基本计划》《氢能基本战略》等相关的文件。他们寄望通过核电技术，将过剩的电力转化为氢气，作为未来汽车和工业的清洁燃料。然而，日本在发展氢能产业的过程中，任何意外都会产生极大的变数。尤其是福岛核电站事故后，整个日本对核能的态度一下子保守起来，核能制氢的路线存在极大的不确定性。如果日本在氢能产业上的押注失败，那么其在能源产业上的投入恐怕也会打水漂。

其三，这些国家依托于产业链上的一环发展，但核心技术不在自己手里，随时会被"卡脖子"。近年来韩国国防工业突飞猛进，在国际军火市场上接连斩获大批订单，甚至成为欧洲国家的主要武器供应商之一。但细究起来，很多高端武器的核心技术并不在韩国手中。韩媒总结称，由于韩国尖端武器研发很多零部件采购于外国，存在系统故障频发和受制于人的问题。如韩国之前曾有意向阿根廷出口 FA－50 轻型战斗机，但因该机采用了英国研制的弹射座椅，在英国拒绝批准相关出口的情况下，该出口协议最终告吹；又如韩国飞机主打产品 KF－21 战斗机，在其研发之初韩国预计美国会提供雷达、电子战设备等多种关键技术，但美国对韩国提出的包括 25 项核心技术在内的清单进行了严格审查，以至于其不得不另找以色列合作。如果核心技术始终不能把握在自己手上，那么这些国家科技产业不能独立自主地发展，可谓是"空中楼阁"。

地缘经济与"偏态"宿命

事实上，对于这些科技呈现偏态发展的中等强国，地缘的影响更多是一种束缚。

一方面，科技产业的发展需要多维度要素的集成，而中小强国本身市场规模与需求是有限的。例如，科技产业从技术突破到产业落地需要大规模、多元化、具备战略纵深的市场来孵化。日本花了大力气发展干线大飞机，然而始终没有成功。日本市场的战略纵深度不足，当前商务飞机的国际订单基本已经被波音、空客占据，日本想要培养相关产业，最好的办法是借助国内市场的孵化。但像干线商务大飞机在其国内本身就没有市场应用空间，缺少了关键的成长空间，其产业始终无法成功孵化（详见专栏 11-1）。

另一方面，在地缘格局的震荡中，这些国家的战略空间往往会受到挤压。

国际货币基金组织（IMF）认为，自第二次世界大战后的几十年建立起来的全球经济一体化正面临碎片化风险，全球贸易、投资、金融市场正沿着地缘政治路线重新定向。这种变化将尤其冲击中小强国的战略空间。以色列就是典型，作为阿拉伯世界中的犹太孤岛，其在中东地区的战略发展空间有限。尤其是，当下巴以冲突中，其市场进一步被破坏。在加沙冲突持续 11 个月之后，以色列商业信息公司 Coface BDI 报告称，自战争开始以来，已有约 46 000 家以色列企业倒闭；而以色列经济学家 Jacob Sheinin 指出，战争的总成本可能达到 1 200 亿美元，如果继续执迷在战争之中，以色列将难以恢复如初。

　　更进一步而言，与上一轮信息时代的特点不同，未来新一轮产业革命需要实体与虚拟的结合，实体经济权重的回归将进一步放大一些国家的地缘缺陷。在上一轮以互联网革命为代表的信息时代中，一部分国家地缘经济的不足为虚拟世界所抹平。一些地理意义上的边缘地带，如北欧，也诞生了 Linux、Skype 这样的互联网大企业。然而，新一轮产业革命中实体制造能力越来越重要，而以往被强大的虚拟经济掩盖的地缘缺陷也就藏不住了。如英国曾经是第一次工业革命的引领者，然而在 2022 年，英国制造业行业组织"机械制造业雇主联合会"公布的报告称，英国制造业在全球所有经济体中跌出前十。这在科技文明的竞争下，将极大地削弱英国的影响力。较之巅峰期的"日不落帝国"，英国失去了殖民地的输血，仅仅凭借自身英伦三岛的空间，无法支撑庞大的制造业系统，最终回归岛国的边缘宿命（详见专栏 11-2）。

超级大国的"天然红利"

　　纵观全球各国在科技文明下的发展态势，小国的处境最为被动，受制于有限的地缘、禀赋等条件，更可能仅占有国际产业链的一环；中等强国基于地缘条件，可能会发展出自己的优势产业，但其科技产业分布是偏态的；而中美这样的超级大国恰恰受益于地缘条件，自身科技产业可以实现正态布局。

第一，超级大国丰富的地缘要素有助于自身建立全产业链优势，实现从基础研究到应用落地的全覆盖。中美这样的超级大国在科技产业中，不会仅仅满足于攻坚产业链中的一环，而是从基础科学到下游应用的全环节。而要实现全产业链构筑，需要实现多种地缘要素集成，包括地理条件、自然条件、人文环境等。以美国为例，其国土夹杂在太平洋、大西洋之间，有利于其吸纳两个经济圈的种种要素为自身科技产业输血：欧洲、东亚的人才为其进行基础科学攻关；双边的科技公司不少被纳入其资本市场；两大经济圈的贸易在这里交汇。由此，美国凭借自身的地缘优势为科技从研究到市场创造了一个合适的温床。这也就使得其本土科创的红利牢牢把握在自己手中，美国所谓"七巨头"的辉煌已证明了这一点。

第二，超级大国复杂的市场需求给予了科技产业多元技术路线的发展空间。在科技文明时代，技术突破越来越呈现非线性发展，不确定性增加，多元化发展可以对冲风险。中美的疆域广阔，市场条件与比较优势参差不齐，这就给了不同技术路线应用的空间。以能源科技为例，美国一边利用页岩革命技术稳住其在传统能源的利益，一边攻坚多种新能源技术路线。截至2023年6月，美国能源部已经确立氢能、长时储能、负碳技术、地热技术等七个方向的攻坚计划。中国也是如此，既大力发展超深层油气勘探技术，保证传统能源供应；又同时推动新能源体系发展，在太阳能、风能、水能、生物质能、地热能以及新能源汽车及充电设施等多个领域同时发力。

第三，超级大国在地缘变化前有稳定的战略空间。与中小国家容易在地缘变化中被冲击不同，中美这样的超级大国拥有稳定的内部结构和超强的对外辐射力。从美国角度出发，其天然与欧亚大陆隔开，更拥有超强的经济辐射力，在欧洲纷纷陷入战火时，美国也是产业转移的重要目的地。第二次世界大战期间，犹太裔科学家、企业家扎堆移民新大陆；当下俄乌战争期间，欧洲制造业纷纷向美国转移。这些案例都证明了美国的地缘吸引力。从中国角度出发，其作为全球经济安全岛，在世界地缘变化莫测的当下，将吸引更多的科创企业落地中国。以高端医疗行业为例，从 2023 年年底开始，世界一流医疗公司纷纷加码中国，波士顿科学、直观外科、碧迪医疗、GE Health 等多家企业直接宣布扩大研发和生产制造业务布局，增强本土化产能。

随着全球不断迈入科技经济时代，中小强国基于地缘因素而呈现的科技偏态发展，存在很大的隐患，甚至可能会使其错失一个时代。正如前文所言，日本在氢能上押注，但有得必有失，在其他路线上已然滞后。在中国新能源汽车出口全球的时代，丰田汽车社长丰田章男却炮轰新能源车，其重要背景是，日本氢能源专利的优势远大于锂电池专利，相对而言，日本车企更想做的是氢能源车而不是电动车。如今，在新能源领域赛道上，日产汽车已经滞后，如果未来氢能汽车未能打开局面，日本作为汽车大国的时代恐怕就要打上一个问号。

相反，中美两国在科技上的正态发展，是其未来引领产业变局的基础。中美客观上存在科技竞争的关系，但二者同时也是全球科技潮流的引领者。目前，中美在人工智能、量子计算和 5G 技术等前沿领域，都处于全球竞争的第一梯队，且各具特色。例如在人工智能方面，中国国际经济交流中心学者表示，中国在人工智能开发和政府策略支持方面处于世界领先地位，同时中国人工智能与实体制造广泛融合。美国则在人工智能的人才、设施、研究和商业化四个领域排名世界首位。又例如在新能源方面，中国新能源汽车销量力压日、欧等老牌汽车强国。且根据国家能源局 2023 年数据，中国光伏组件、风力发电机等关键部件占全球市场份额的比重约为 70%。美国则在技术研发方面具有深厚的基础，尤其在核能、氢能等前沿领域持续投入。在未来科技文明下的产业变局中，中美颇有"天下英雄，唯使君与操耳"的意味。

专栏 11-1：航空产业的关键三角

　　一个国家究竟需要什么，才能造出属于自己的、合格的大飞机？

　　以巴西为例，一个"一没技术二没钱"的环境，却培育出巴航工业这样优秀的企业——巴航工业不仅硬生生搞出了飞机产品，甚至还在国际市场上和空客、波音打得有来有回，现在已经是全球支线客机产业里的第一名。细究巴西的"咸鱼翻身"之路，可以发现，政府资本支持对于"烧钱"的航空业发展来说必不可少。从 1964 年开始，巴西便进入了军政府时期。自从军政府上台，巴西军政府就认定：巴西不能依赖进口飞机和材料，也不能允许制造经营这些战略物资的企业被外国控制。于是，在这样的觉悟之下，巴西军政府对巴航工业开始进行"亲爹"式的扶持。巴西政府的航空部着手控制国内航空市场，给巴航工业大笔优惠政策，并把自己手中绝大多数的预算和政策工具都倾斜在巴航工业身上。但是，巴航工业虽然发展优秀，奈何技术底子实在太弱，导致它必须将股权出卖给外国企业才能在技术上获得进一步发展，巴航工业前五大股东里，有 4 个都是英美投资机构，只有一个是巴西本地的。

　　而在政治和技术之外，市场的因素同样举足轻重。以日本为例，在航空业的牌桌上，日本人手上的牌不是一般的好，要历史有历史，要技术有技术，要人才有人才。但 1982 年，日本飞机制造公司宣告破产，日本的飞机梦碎了。日本航空业的最终崩盘，在某种程度上是因为日本国内市场不论从人口还是国土面积都实在太有限了，新干线就足够解决问题，对于支线飞机没有太大需求。所以，日本只有靠砸钱解决问题，没办法要求国内航司大规模购买来为项目输血，只能依靠外国航司。其中 MRJ 飞机 157 架的订单里，日本航司只有 47 架，绝大多数的订单都来自美国的 Skywest 公司。

由上来看，政治、技术、市场的"三角"组成了大飞机以及航空产业发展的关键性因素。

专栏 11-2：岛国的边缘宿命

从地缘的角度看，岛国逼仄的环境对其国运可谓"成也萧何，败也萧何"。

一方面，岛国同欧亚大陆相比，在大多数时期处于相对落后的一方。英、日等岛国既与大陆隔海相望，远离文明中心，限制了欧亚大陆文明对当地的影响强度；又在土地面积和能够承担的人口规模上相对有限，难以自发孕育出高度发达的原生文明来。另一方面，岛国逼仄的地缘环境又赋予了岛国巨大的对外扩张势能。岛国相对有限的土地面积和资源存量，使得岛国稍有人口增长，人口、资源、环境之间的矛盾便会迅速激化，促使岛国有强烈动机去发动对外扩张以占据土地、掠夺财富。

海权时代的到来，为岛国的崛起创造了条件，使其将对外扩张的势能大量释放出来，最终让岛国实现"反常态崛起"。但问题在于，即使在对外扩张之后，岛国同大陆国家相比，在实力对比上依旧没有根本性改善：英、日作为岛国，体量毕竟有限，即使在扩张之后，在面对欧亚大陆时在总体实力上依然不具备压倒性优势，一旦欧亚大陆上有诸如 19 世纪晚期的德国或 20 世纪的苏联等强国崛起时，英、日在国运上依然要面临事关生死存亡的考验。

此外，在对欧亚大陆的殖民、扩张过程中，岛国树立了大量对手，令自身地缘环境进一步恶化：在欧洲，尽管英国在对外扩张中先后遭遇并战胜了西班牙、荷兰、法国、沙俄等一系列强敌，却也让自身在欧洲难以找到可靠的盟国；在亚洲，日本在东亚和东南亚的侵略扩张，更成为当地一致反抗的对象。最终英、日不约而同地陷入"地缘环境促使扩张，扩张后地缘环境进一步恶化"的恶性循环之中，在扩张受挫后纷纷被打回原形。

当下，随着高速公路、高速铁路以及管道运输等交通运输技术的发展，陆运的效率正在逐渐赶超海运，进而为陆权国家与海陆复合型国家通过陆路对外进行经济、军事力量的投射提供了助力，陆权与海权之间的消长开始加速。而随着陆权的再度崛起，更使得英、日等岛国在地缘上的无奈被进一步凸显。最终结果，便是英国、日本等岛国难以避免自身沦为欧亚大陆边缘的宿命。

第三篇

⬇

第三个"铁三角"

——变局方向

第十二章　解码商业新格局：颠覆、未来、跨界的共生共创

　　纵观人类文明史，产业变革始终是推动社会进步的核心动力。在工业文明时代，产业发展遵循着相对确定的技术路径，产业边界清晰，创新模式相对固定。然而，随着数字技术的深度渗透和智能化浪潮的持续涌动，产业发展的内在逻辑发生了根本性转变。不同于过去线性迭代、边界清晰的产业演进模式，未来型产业、颠覆性产业和跨界融合构成新时代产业大变局的第三个"铁三角"，共同推动着整个产业生态系统的演进。

产业变革新机遇

　　在人类文明的长河中，产业变革如同一股股奔涌的暗流，不断重塑着世界的经济版图。例如，从 18 世纪 60 年代开始的工业化浪潮，开启了以机器代替手工劳动的工业时代。这不仅是一次技术革命，更是一场深刻的产业革命。人类通过"机器的采用，化学在工业和农业中的应用，轮船的行驶，铁路的通行，电报的使用，整个大陆的开垦，河川的通航"实现了对自然力的

征服，创造了"比过去一切世代创造的全部生产力还要多，还要大"的生产力。又如其后的去工业化浪潮，20 世纪 60—70 年代，发达国家开始将制造业向外转移。世界银行数据库数据显示，20 世纪 70 年代，主要发达国家完成去工业化进程，制造业增加值占 GDP 比重普遍低于 15%，服务业增加值占 GDP 比重超过 70%，金融、地产等虚拟经济逐渐取代传统制造业成为国家支柱产业，人类社会进入以服务业为主的"后工业时代"。

仔细分析可以发现，这两次典型的产业变局的形成有其深刻的历史和经济特征。

其一，以线性的产业演进模式为主。毕竟，当时这种线性的发展模式使得技术创新能够按照相对可预测的路径推进，从而持续推动生产方式的变革。以蒸汽机的发展为例，从托马斯·纽科门的大气压蒸汽机到詹姆斯·瓦特的改良版蒸汽机，再到后来的高压蒸汽机，每一步改进都直接推动了生产效率的提升。瓦特曾说："我卖的不是蒸汽机，而是动力。"这句话生动地体现了技术进步如何直接推动产业变革。据统计，瓦特改良后的蒸汽机使煤矿抽水效率提高了 4 倍，为第一次工业革命奠定了基础。

其二，清晰的产业边界：各个行业之间的界限相对明确，技术创新、产业变革主要发生在特定领域内。美国经济学家迈克尔·波特在其经典著作《竞争战略》中提出："在工业时代，企业的竞争优势主要来源于在特定产业内的技术创新和效率提升。"以钢铁产业为例，从亨利·贝塞麦发明转炉炼钢法到西门子-马丁平炉法的出现，再到后来的氧气顶吹转炉法，每一次技术突破都发生在钢铁冶炼这一特定领域内。这些创新直接推动了钢铁产量的大幅增长。数据显示，1850 年全球钢产量仅为 7 万吨，到 1900 年已增长到 2 800 万吨，增长到 400 倍。

其三，集中化趋势：大规模生产和规模经济效应导致了产业和技术的高度集中。福特汽车公司引入的流水线生产模式是这一趋势的典型代表。亨利·福特曾说："任何顾客，可以要求把汽车漆成他所喜欢的颜色，只要是黑色的。"这句话直观地体现了大规模标准化生产的特征。

20 世纪中期开始的去工业化浪潮标志着产业变革进入新阶段。这一时期，发达国家开始将制造业向外转移，服务业逐渐成为经济的主导力量。世界银行数据库数据显示，20 世纪 70 年代，美国、英国、法国等主要发达国家完成去工业化进程，制造业增加值占 GDP 比重普遍降至 15% 以下，服务业增加值占 GDP 比重超过 70%。这种变化不仅反映了产业结构的深刻转型，更预示着人类社会正在进入一个新的发展阶段。

这一转变带来了深远的影响。首先是产业结构的优化。金融、保险、咨询等现代服务业的快速发展，创造了新的就业机会和经济增长点。数据显示，1970 年到 2000 年间，美国服务业就业人数占总就业人数的比重从 63% 上升到 78%。其次是价值创造模式的转变。服务经济更强调知识、创新和个性化需求的满足。正如美国经济学家丹尼尔·贝尔在其著作《后工业社会的来临》中指出："后工业社会的核心是服务业，游戏的规则是以人为本的创新。"这一论断准确把握住了产业变革的本质。

决胜未来的新打法

进入 21 世纪，特别是 2010 年代以来，产业变革呈现出全新的特征。首先是非线性发展特征日益突出。以人工智能为例，其发展路径完全突破了传统渐进式创新模式。从 2022 年底 ChatGPT 的横空出世，到 2023 年生成式 AI 的爆发式应用，短短一年时间内的变革超过了过去十年的累积。根据 IDC 的数据，2023 年全球 AI 市场规模达到 1 109 亿美元，较 2022 年增长 26.9%。更重要的是，AI 技术的应用已经渗透到各个领域，从医疗诊断到金融决策，从教育培训到工业生产，展现出强大的通用性。

其次是技术融合加速。不同技术之间的边界日益模糊，融合创新成为主流。以新能源汽车为例，它不仅是传统汽车工业的升级，更是新能源技术、人工智能、物联网等多项技术的综合集成。数据显示，2023 年全球新能源汽车销量达到 1 400 万辆，较 2022 年增长 35%。特斯拉 CEO 埃隆·马斯克曾表示："未来的汽车更像是一台会移动的电脑。"这句话形象地描述了技术融合的趋势。

最后是产业边界的重构。传统的产业分类已经难以准确描述新的经济现象。以数字经济为例，它不是某个特定的产业，而是一种新的经济形态。根据联合国贸易和发展会议（UNCTAD）的统计，2023 年全球数字经济规模达到 54.8 万亿美元，约占全球 GDP 的 25%。这种跨越传统产业边界的发展模式，正在重塑全球经济版图。

突破增长瓶颈的关键因素

随着时代的发展，线性模式、清晰的产业边界已然与当下的产业变局大相径庭。毕竟，进入科技文明，日益复杂的时代背景决定了产业发展呈现出新特征：非线性发展、技术融合加速、产业边界模糊、数据驱动……若进一步总结，颠覆、未来、跨界融合共同构成了产业变局的"铁三角"。具体而言：

一是，颠覆性产业的兴起将对以往的游戏规则釜底抽薪，既可以无中生有，创造新产业，也可以赋能旧产业，让其焕发新生。最典型的当属人工智能，它不仅创造了新产业、新模式，还正在重构各行各业的运作方式。OpenAI 的 CEO Sam Altman 曾表示："AI 将是人类历史上最强大的通用技术。"从 ChatGPT 的横空出世到 AlphaFold 在蛋白质结构预测领域的突破，AI 技术正在以前所未有的速度和广度改变各个行业。在医疗领域，AI 辅助

诊断系统已经能够在某些方面超越人类医生的表现。例如，谷歌 DeepMind
开发的 AI 系统在乳腺癌筛查中的准确率超过了人类放射科医生。这不仅提高
了诊断效率，还有望大幅降低医疗成本，使优质医疗服务变得更加普及。随
着颠覆性产业的发展，产业发展方向正如经济学家约瑟夫·熊彼特在其著作
《资本主义、社会主义与民主》中所提出的"创造性破坏"理论那样，"创新
过程……不断地从内部革新经济结构，不断地破坏旧的结构，不断地创造新
的结构"。

　　二是，未来型产业从"未来引领今天"的角度指引着产业革新的演进方
向。比如，低空经济和机器人产业作为代表性的未来型产业，一个正在重新
定义空中交通和空间利用，一个正从工业领域向服务业、医疗、教育等多个
领域扩展，两者都在开辟新的经济增长点，并为解决人类面临的诸多长期挑
战提供创新解决方案。这种趋势不仅体现了科技进步的方向，更反映了社会
发展的迫切需求。正如未来学家雷·库兹韦尔所言："21 世纪的特征不是百
年的变化，而是 20 000 年的变化。"① 这些未来型产业正是这种变革的体现。
更别提，未来型产业的发展不仅仅是技术进步的结果，更折射出人类文明演
进的方向。随着生命科技、脑机接口等技术的飞速发展，大胆假设，未来人
类将面临的最大挑战可能是"意识"本身的进化，"意识产业"可能会成为一
个全新的未来型产业。这个产业不仅关注如何增强人类意识，还可能涉及意
识的数字化、存储和传输。想象一下，在不远的将来，人们可能会看到"意
识上传"服务成为现实。这不仅将彻底改变我们对生命和死亡的认知，还可
能创造出全新的经济和社会形态。

　　三是，在产业边界日益模糊的背景下，跨界融合将超越简单的技术或产

---

　　①　雷·库兹韦尔（Ray Kurzweil）是美国著名的未来学家、计算机科学家、作家、
企业家和发明家，在《奇点更近》一书中，他表示，在未来 10 年里，人们将与看起来非
常人性化的 AI 互动。

业组合，成为一种搅动产业版图的强大力量。一方面，技术融合、商业模式创新和用户需求多元化共同推动了跨界融合的发展；另一方面，当下正处于一个技术快速迭代和融合的时代，5G、人工智能、大数据、物联网等技术的交叉应用正在创造出前所未有的产业机会。

其一，可以将跨界融合理解为一种"生态系统共生"的过程。在这个视角下，不同产业不再是相互独立的实体，而是一个复杂的共生网络中的节点。正如生物学家林恩·马古利斯提出的"共生进化理论"① 那样，不同产业之间的融合可能产生全新的"产业物种"。例如，特斯拉公司就是一个典型的跨界融合案例。它不仅是一家汽车制造商，更是能源公司、软件公司和人工智能公司的结合体。特斯拉 CEO 埃隆·马斯克曾表示："特斯拉是一家硅谷科技公司，只不过我们生产的是汽车。"这种跨界思维使特斯拉在电动车、自动驾驶、能源存储等多个领域都处于领先地位。

其二，还可以将跨界融合理解为一种"维度跨越"的过程。在这个视角下，跨界融合不仅发生在不同产业之间，还可能发生在虚拟和现实、微观和宏观、地球和太空等不同维度之间。比如"生物计算"生态系统的诞生。这个生态系统将生物技术、信息技术和材料科学融合在一起，创造出全新的计算范式。例如，未来可能会看到 DNA 存储技术的商业化应用，利用生物分子进行信息存储和处理。微软和华盛顿大学的研究人员已经成功地在 DNA 中存储了 200MB 的数据。这种技术一旦成熟，可能彻底改变人们对数据中心和计算架构的认知。

---

① 对诸如"优胜劣汰"等各种类型的社会达尔文主义，早在 19 世纪末就有人开始质疑，并提出了新的理念，即"共生"。到 20 世纪 60 年代，美国学者林恩·马古利斯等人进一步将其完善，提出自然界进化不是通过弱肉强食、消灭对方实现的，而是在"和而不同"的基础上，经过相辅相成的合作，使共生体的整体机制超越共生前的独立个体水平而完成的。

打造共赢新生态：融合创新的黄金三角

这三个方向并非相互孤立，而是形成了一个相互促进、相互影响的动态系统。

一是共生关系，这三个方向如同一个生态系统中的不同物种，角色不同但相互依存。未来型产业是"探路者"，不断开辟新的领域；颠覆性产业如同"变革者"，重塑着既有格局；跨界融合则是"连接者"，促进不同元素的结合。例如，在人工智能领域，未来型的量子计算技术为 AI 提供了强大的计算能力（探路者），AI 的发展又颠覆了传统的决策和分析模式（变革者），而 AI 与各行各业的融合则创造了无数新的应用场景（连接者）。

二是催化作用，这三个方向可以视为相互的催化剂。以可控核聚变、智能电网和能源互联网的相互促进为例。可控核聚变作为一种未来型能源技术，有望彻底解决人类的能源问题。但它的实现需要颠覆性的等离子体控制技术和超导材料技术。同时，智能电网作为一种颠覆性的能源管理方式，正在重塑能源行业。这两者的结合又催生了能源互联网这一跨界融合概念。能源互联网将信息技术、新能源技术和传统电力系统深度融合，创造出一个智能、高效、可持续的能源生态系统。中国科学院院士卢强曾指出："能源互联网不仅是技术的革新，更是能源生产和消费模式的根本变革。它将使每个人都成为能源的生产者和消费者，彻底改变能源行业的格局。"

三是螺旋上升，三者的每一轮互动都将整个系统推向更高的层次，创造出更多的可能性。以生命科学领域为例，第一轮：未来型的基因测序技术大幅降低了基因组分析的成本；第二轮：这种技术颠覆了传统的医疗诊断和治疗方法，开启了精准医疗的时代；第三轮：随后，生物学与信息科学、人工智能的跨界融合，催生了生物信息学这一新兴学科；第四轮：这种融合又推动了更前沿的技术发展。而且,这个过程仍在继续。基因编辑技术的进步又推动了合成生物学的发展,而合成生物学可能引领下一轮的生物技术革命,如设计全新的生命形式。总的来说,未来型产业、颠覆性产业和跨界融合这三个方向形成了一个动态的系统,它们共同推动着整个产业生态系统的演进。

正如复杂系统理论的创始人斯图尔特·考夫曼所言:"在复杂系统的边缘,创新和创造力最为活跃。"未来型产业、颠覆性产业和跨界融合的深度互动,正是在这样的"复杂系统"创造着无限的可能性。

第十三章　把握颠覆性创新的制胜先机

颠覆性产业深刻影响人类社会发展，具有源头、跨界、生态和管理四大颠覆特征。2024 年，我们正处于一个颠覆性技术群像加速涌现的关键时期，人工智能、公共区块链、多组测序、能源存储和机器人等五大技术平台的协同演进，正在重构全球经济增长格局。在这场全球性的产业变革中，中国凭借超级大国的综合禀赋与最全产业链的优势，展现出独特的竞争力。特别是在多条腿走路与集成式创新方面，中国形成了显著的比较优势。

从历史中探寻创新的演进路径

从人类发展史来看，每次新技术的出现，包括蒸汽机、铁路与电报等技术、电力与电话、电台、互联网技术等，都会推动人类社会的飞跃。

从石器时代的工具革命，以简陋石器为起点，逐步雕琢出人类文明雏形的壮阔历程，到数字时代的信息革命，这一路上，每一次颠覆性技术的横空出世，都犹如一颗陨石猛然坠入宁静的湖面，不仅激荡起连绵不绝的涟漪，更在深层次上重塑了社会的每一个细微角落。这些技术的飞跃，不仅仅是工具或手段的革新，更是人类智慧与创造力的集中体现，它们如同一座座里程碑，标志着人类文明的进步与发展。

蒸汽机的轰鸣，不仅仅是机械化生产时代隆隆驶来的前奏，它如同一曲雄壮的交响乐，宣告了人类历史上首次大规模地驯服自然之力，使之成为推动社会进步的强大引擎。蒸汽机的出现，不仅极大地提高了生产效率，更开启了人类大规模利用自然能源的新篇章。人们开始意识到，凭借技术创新的力量，人类不再仅仅是环境的被动适应者，而是成为能够主动塑造世界、改写命运的伟大创造者。这种思维层面的革命性飞跃，其深远意义远远超越了蒸汽机这一具体发明的价值，它如同一股不可阻挡的洪流，冲刷着旧有的认知边界，引领着人类社会朝着更加繁荣与文明的方向发展。

电气时代的降临，进一步拓宽了人类探索世界的视野。电力的广泛应用，使得人类的活动不再受自然光周期的局限，工作与生活的节奏得以自由延伸，跨越了时间与空间的双重束缚，开启了前所未有的新纪元。电力不仅为工业生产提供了强大的动力支持，更为人们的生活带来了极大的便利与舒适。电灯、电话、电视等电器的发明与普及，使得人们的生活方式发生了翻天覆地的变化，人类社会的文明程度也由此得到了极大的提升。

而福特的流水线生产模式，更是对劳动组织方式的一次根本性重塑。它将原本复杂多变的生产流程拆解为一系列标准化的简单操作，这一变革不仅极大地提升了生产效率，更是对传统工匠精神的一次深刻挑战，标志着工业思维对手工业思维的全面超越。流水线生产模式的出现，使得大规模生产成为可能，从而极大地降低了生产成本，提高了产品质量，为人类社会的工业化进程奠定了坚实的基础。

互联网的兴起，无疑是人类历史上最具震撼力的变革之一。它不仅是一种全新的通信手段，更如同一把钥匙，打开了通往信息海洋的大门，彻底颠覆了信息的生产、传播与获取方式。在互联网的推动下，信息的传播速度达到了前所未有的高度，人们可以随时随地获取到来自世界各地的最新资讯。同时，互联网也为人们提供了一个自由表达、交流思想的平台，使得人类社会的信息交流与文化传播变得更加便捷与高效。

在这个信息为王的时代，权力的来源不再仅仅局限于对资本和资源的占有，而是越来越多地取决于对信息的精准把控与网络影响力的构建。这种深层次的变革，远远超出了单纯的技术范畴，它正在深刻地改变着社会的权力结构、运作逻辑乃至人们的思维方式。在互联网的推动下，人类社会正在逐步走向一个更加开放、包容、多元的新时代。

抢占未来："新引擎"带来的商业机遇

2024 年，我们正处于一个颠覆性技术群像加速涌现的关键时期。AI、机器人等颠覆性技术的融合正在催生一场前所未有的经济社会变革，其影响力将远超此前任何一次通用技术革命。

一、五大技术平台协同演进，重塑全球经济增长格局

正如《Big Ideas 2024》报告指出，人工智能、公共区块链、多组测序、能源存储和机器人这五大技术平台正在形成前所未有的协同效应。这种协同不是简单的叠加，而是产生了化学反应般的裂变效果，有望将全球经济增速从过去 125 年平均 3% 的水平跃升至未来 7 年超过 7% 的新高度。这一突破性预测背后，是颠覆性技术在资本市场上的强势表现：预计到 2030 年，与颠覆性创新相关的股票市值将以年均 40% 的惊人速度增长，从当前占全球股市总额的 16%（约 19 万亿美元）激增至 60% 以上（约 220 万亿美元）。

二、AI 引领数字经济新纪元

在颠覆性技术群像中，AI 无疑是当之无愧的领军者。报告预测，到 2030 年，硬件与软件的深度融合将推动 AI 训练成本以每年 75% 的速度下降，全

球软件市场规模有望实现 10 倍增长。更令人瞩目的是，到 2040 年，AI 硬件投资规模将达到 1.3 万亿美元，由此带动 AI 软件销售额攀升至 13 万亿美元，同时保持 75% 的高毛利率水平。

值得关注的是，AI 发展速度远超市场预期。从 2019 年预计需要 80 年才能实现通用 AI，到 GPT‑4 问世后仅需 8 年的最新预测，充分说明了 AI 技术进步的指数级特征。

三、颠覆性创新①重构传统产业

在交通出行领域，机器人出租车平台将在未来 5—10 年创造 28 万亿美元的巨大企业价值，年销量有望达到 7 400 万辆。而电池技术的进步和制造业整合也正推动电动车成本持续下降，电池占电动车总价值的比重已降至 20%，为整车厂商每年创造 300 亿美元收入。更值得一提的是，3D 打印技术的应用将使汽车开发周期缩短 50%，模具设计验证成本更是将降低 97%。

在医疗健康领域，创新同样风起云涌。精准疗法在新上市药物中的占比已达 25%，预计到 2030 年将带来 3 000 亿美元的收入增量。AI 增强型多组学技术的应用将使药物研发效率翻倍，到 2035 年研发实际回报率有望提升 10%。在癌症早期筛查方面，新型血液检测技术的普及使某些年龄段的癌症死亡率降低了 25%，发达市场已有 30% 的患者从新诊断体系中受益。

四、数字经济快速崛起

数字经济的发展势头更是令人瞩目。未来七年，数字休闲支出预计将以

---

① 颠覆性创新指的是用创新的技术、方法来解决既有问题，颠覆者挑战并几乎完全替代在位者。而非颠覆性创新指的是发现并解决一个在既有市场之外的全新问题，在既有市场边界之外开辟一番新天地和新市场。比如法国邮政和所有国家邮政公司一样在数字化的冲击之下不得不转型。它的选择独树一帜，推出了全新的业务："照护我的父母"。离家的子女只需要一个月付不到 40 欧元，就能让邮递员每周上门了解家里的情况，然后通过专属 App 向子女汇报。此外，邮递员还可以为父母提供一些简单的服务。企业在应对新科技带来的颠覆性挑战时，不要急于反颠覆，而需要思考自己积累的资产和网络可以挖掘出哪些全新的价值。

19%的年复合增长率增长，规模从 2023 年的 7 万亿美元扩张至 2030 年的 23 万亿美元。到 2030 年，智能设备、娱乐和社交平台的收入将达到 5.4 万亿美元，其中广告和商务收入占比高达 80%。

由此可见，颠覆性技术创新正在重塑全球经济版图。到 2030 年，这些技术不仅将推动全球股市总市值扩大约三倍，更将成为主导市值的核心力量。这一转变标志着人类社会正在进入一个由创新驱动的新发展阶段，其影响之深远、范围之广泛，将远超我们的想象。

洞察颠覆性创新的四大法则

颠覆性产业的核心魅力在于彻底打破常规，开创全新天地。数字经济、人工智能等产业并非沿袭旧有路径，而是大胆抛弃过时框架，从根本上重新定义行业格局。这些颠覆性产业具有以下四大特征。

一是，源头颠覆——三重驱动重构产业基因。颠覆性归纳起来无非有三大来源：第一是科技驱动，即基于科学原理重大突破或重大集成创新产生颠覆性技术；第二是应用驱动，即技术跨学科、跨领域或非常规地应用形成颠覆性技术；第三是源头驱动，即以颠覆性思路解决问题，进而催生范式颠覆。以特斯拉为例，它并非仅仅追求造车质量，而是以 AI 和智能技术为核心彻底颠覆出行方式。特斯拉将汽车重新定义为智能移动终端，融合了电动驱动、自动驾驶和互联网技术，不仅改变了汽车的动力来源，更是重塑了整个汽车产业链和用户体验。随着科技经济作为一种新文明范式登上历史舞台，加之大科学计划、大科学装置、高强度投入、建制化科研等推动，它们为技术应用、产业创新打开了新空间。由国际热核聚变实验堆（ITER）计划领航的可控核聚变研究，源于物理学家对核聚变理论基础的不断探索。据中金公司研报数据显示，全球从事商业化聚变堆探索的企业已超过 40 家，吸引风投投资金额超过 60 亿美元。

二是，跨界颠覆——意外发现引发链式创新。在交叉复合式创新加速涌现的时代，基于科学技术的跨学科或跨领域应用，往往产生颠覆性的效果。1970 年，一名叫竹内光二的味之素员工在机缘巧合下发现，制作味精的类树脂副产物具备极佳的绝缘性能。1996 年，味之素公司对此新材料进行技术立项，开始了一场"味精厂大冒险"，在公司的支持和团队的努力下，竹内光二成功地将这种产品制造成了薄膜状，它的绝缘性、耐热能力都很好，还可以随意承接各种复杂的电路组合，容易安装。这就是如今全世界芯片厂商都在用的味之素堆积膜（ABF）。如今，在半导体 ABF 材料领域，味之素依然占据着"商业垄断"的地位，正如英国科幻作家阿瑟·克拉克所言："发现可能性的界限的唯一办法就是越过这个界限，到不可能中去。"

三是，生态颠覆——从点状突破到网状重构，既包括技术创新的连锁效应，也包括产业重构的生态效应。就前者来看，区块链技术就是典型案例，它最初仅仅是比特币的底层技术，但其去中心化、不可篡改的特性正在颠覆金融、供应链、版权保护等多个领域。区块链技术正在挑战传统的信任机制和中心化权力结构，潜在重塑整个社会的组织方式。英伟达作为 GPU 的核心供应商，基于 CUDA 计算架构形成了高度黏性的开发者软件生态，汇聚了近 400 万开发者，成为英伟达相较于 AMD、英特尔等的最大优势，推动英伟达实现了从传统 GPU 供应商到平台化公司的蝶变。小米生态链成功地构建了一个强大的利益共享和合作创新的生态系统，其在手机、电视、智能家居、智能穿戴等多领域、全方位的生态链布局，催生了 400 多家杰出的智能硬件企业，并基于澎湃 OS 全设备跨端融合架构兼容手机、汽车、AIoT 全场景，建立了万物互联的公共基础和价值共创的生态基础。这种跨界的颠覆力正是颠覆性产业的独特魅力所在。

四是，管理颠覆——创新文化引领组织变革。颠覆性技术的出现，不仅仅标志着与被替代技术之间的一次新旧更替，更重要的是，它还对现有的管理模式带来了颠覆式的变化。面对颠覆性技术变革，组织传统的管理理念、价值观、资源、流程往往不适应颠覆性技术的发展，颠覆性技术创新活动需要克服组织结构惰性和主流文化干扰。"一把手"是最好的产品经理。马斯克始终坚持"第一性原理"① 思维，打造出 PayPal、SpaceX、Tesla 等标志性创新成果。乔布斯带领苹果连续颠覆智能手机、个人电脑、音乐产业、平板电脑等细分领域，成为全球消费电子巨头。"逆向型"企业文化为颠覆性创新提供土壤。所谓"逆向型"，即提倡颠覆性思维、鼓励承担风险，并寻求向客户提供新的价值。企业开展颠覆性创新活动需要建立与之相匹配的企业文化。谷歌的 X 实验室作为公司的"登月工厂"，将"失败文化"奉为信条，旨在通过认真对待疯狂想法来追求技术突破，对于那些在快要失败前及时关停的项目建立鼓励机制，为组员们提供经济补偿。

以上特征不仅揭示了颠覆性产业的本质，更画出了其发展的基本脉络。

虽然颠覆性产业始发于不同技术/模式追求、诞生于不同领域、萌芽于不同产业生态、孕育在不同的管理模式下，但不变的是它们构成了一种重塑世界的力量。如果说此前的产业往往顺延纵向创新进行迭代，并且通过大量纵向创新"量变引发质变"驱动产业革命；那么颠覆性产业则代表产业开始进行纵横捭阖——既有纵向创新，更有横向嫁接，在纵横捭阖中加速产业革命。乃至于颠覆性产业本身也在不断自我颠覆。大模型即为典型，其颠覆性意义毋庸置疑，但业内有两个公认的大模型进化瓶颈：数据瓶颈和算力瓶颈。如今，随着 OpenAI o1 模型的发布，为大模型的进化找到了新的出路，它采用强化学习，试图通过更深入的思考和推理来克服这些限制，提高数据质量和计算效率。

---

① 第一性原理（First principle thinking）又叫首要原则，是一种思维模式，它要求从最基本的原理出发，通过逻辑推理，找出问题的本质和解决方案，而不是依赖于类比或经验。

未来已来：创新先行者的实践路径

科幻大师威廉·吉布森曾说："未来已经到来，只是尚未均匀分布。"这句话精准刻画了当前颠覆性产业发展的图景。在人工智能领域，我们正经历一场深刻的范式转变：从传统的"人教机器"到"机器自学"，从特定任务训练到通用能力培养，AI 的进化正以前所未有的速度重塑人类认知的边界。在此过程中，产业生态不断重构，新的社会范式接踵而至。然而，我们也需要保持清醒：在热潮涌动的市场中，并非所有标榜颠覆性的技术或商业模式都能经受住时间的考验。识别真伪、辨别泡沫，是把握颠覆性产业发展的必修课。

这种"不均匀分布"的特征首先体现在劳动力市场的剧变上。人工智能的冲击已从蓝领地盘扩展到白领领域，GPT 等大语言模型展现出的能力令人惊叹——它们不仅能生成高质量文本，还能进行复杂推理和编程，开始挑战律师、分析师、程序员等知识密集型岗位。这预示着我们正迈向一个技术精英主导的"赢家通吃"经济格局，掌握先进技术的群体将在新经济秩序中占据压倒性优势。

与此同时，颠覆性技术正在重塑传统的国家治理模式。比特币等加密货币正在挑战国家货币发行权，跨国科技巨头的影响力日益超越国界，这不仅动摇着国家主权，更可能重构全球治理格局。我们正在见证一个新权力格局的诞生——在这个格局中，技术平台与民族国家形成了一种微妙的竞合关系。

颠覆性产业的影响正从单一领域向整个社会系统扩散。传统的向上通道如教育可能逐渐失效，加剧社会固化；大量工作岗位的消失将考验现有社会福利体系的承受力；技术差距可能演变为难以逾越的社会鸿沟；国家与科技巨头的博弈正在改写全球力量对比。这些变化都预示着一个更具不确定性的未来正在展开。

在这场全球性的颠覆性产业竞赛中，中国展现出独特优势。超级大国的综合禀赋与最全产业链，让中国有条件实现多条腿走路。根据澳大利亚战略政策研究所的数据，如今在 64 个关键技术领域中，中国有 53 个处于领先地位。中国的市场规模、产业生态和消费者对最新技术的热情，是其他任何国家都无法比拟的。以能源转型为例，中国从一开始就以全局视角、以需求为导向，对多元化的新能源进行综合布局，最终形成一张牢不可破、独立自主的能源大网。

更为关键的是，中国的集成式创新生态将自上而下的协调与自下而上的驱动力相结合，能够最大化地激发不同创新要素、产业要素重新组合出新结构、新系统。过去 20 年来，中国的大规模投入使太阳能电池板价格大幅下降，带来了指数级的全球增长和显著的气候效益。如今，从光电芯片、生物技术、人工智能、新材料、新能源、航空航天、智能制造到信息技术，这些都是中国一直在大力投入和布局的赛道。

立足当下，着眼未来，中国在这场颠覆性产业变革中占据了有利位置。这种优势不仅来自综合国力的提升，更源于系统性的产业布局和创新生态的持续优化。在颠覆性产业重塑世界格局的大潮中，中国正以更高的站位参与全球竞争，在新一轮产业革命中把握先机。无论从历史逻辑还是因果逻辑来看，中国都正处在新一轮颠覆型产业大潮中相对有优势的起点上。

第十四章　未来型产业抢占商业新蓝海

百年大变局，仅仅关注行业内的渐进式创新已经远远不够。未来型产业正成为把握新一轮科技革命和产业变革的"命门"，这一点已在国家层面得到深刻认识。未来型产业不仅是"明天"的战略性新兴产业，更是用未来眼光引领今天的重要力量。它既要克服路径依赖的束缚、突破认知边界的局限，又要平衡好短期利益与长远发展的矛盾。从本质上看，未来型产业应由前沿技术突破推动，能创造新的价值链，并为人类社会带来前所未有的可能性。它不仅代表了生产力的新高度，更能推动社会生产方式的根本性变革。

产业变革的新"命门"

2024 年 3 月 12 日，一个史无前例的新机构在工业和信息化部设立了，传递出中国应变的重要信号。这个高新技术司下属的机构，被命名为——"未来产业处"。

国家部委的每一次调整动作，背后都有着深远的考量。它昭示着新型举国体制的微妙进化，也曝光了什么才是真正的时代风口。毕竟，布局未来产业就是把握新一轮科技革命和产业变革的"命门"。

正如熊彼特所说的"创造性破坏"①，新技术的出现往往会颠覆既有的产业格局。那些能够准确预判技术发展方向，并提前布局的企业和国家，往往能在产业变革中占据主动。以新能源汽车产业为例，特斯拉的成功很大程度上源于其对电动化、智能化趋势的准确判断和提前布局。而传统车企如通用、福特等，虽然也在加速电动化转型，但已经落后于先行者。

与此同时，未来型产业是提升国际竞争力的导航之灯。美国学者、白宫创新科技顾问亚历克·罗斯在其著作《未来产业》中提出，未来产业是推动未来20年全球经济社会变迁的关键产业；英国设立产业战略挑战基金，瞄准人工智能与数据经济、未来交通、老龄化社会和清洁增长等领域，进行重点部署。iCV Tank认为，未来产业是对人类生产和生活有重要影响，对社会经济进步有驱动作用，具有前瞻性和颠覆性特征的产业，在引领全球经济增长、引导人类社会进步、增强国家竞争力等方面发挥重要作用。

于是，当"未来产业"风潮席卷全国，想下好未来产业这盘"大棋"的地区纷纷响应。据创投日报记者不完全统计，目前已有北京、上海、浙江、江西、山西等省份，以及深圳、苏州等城市陆续出台相关意见、规划，绘制未来产业发展蓝图，编写未来产业三部曲。

一是"下重金"。据"赣江发布"消息，赣江新区与江西省金控集团合作，在赣江新区成功注册设立江西省未来产业发展基金总规模高达50亿元。

二是"变打法"。既要产业投资，如上海成立了由秘书处单位、创投机

---

① 这是其企业家理论和经济周期理论的基础。在熊彼特（1883—1950）看来，"创造性破坏"是资本主义的本质性事实，重要的问题是研究资本主义如何创造并进而破坏经济结构，而这种结构的创造和破坏主要不是通过价格竞争而是依靠创新的竞争实现的。每一次大规模的创新都淘汰旧的技术和生产体系，并建立起新的生产体系。

构、未来产业先导区、证券行业、银行以及企业代表组成的上海未来产业创投联盟；又要探索建立社会资金和金融资本共同支持的投入机制，如苏州在发布的《关于加快培育未来产业的工作意见》中提到，要搭建多元化的融资平台，为未来产业重点领域提供长期、稳定、充足的资金来源。

三是"重押宝"。以北京、上海、广东三地为例，尽管均瞄准航天领域，但北京重点开展火箭及其返回舱、控制系统、发动机等的研发和星座建设；上海强调卫星发射组网及商业运营业务的发展；广州则发力卫星导航系统和互联网平台、发射基地与回收平台，计划为"一带一路"共建国家和地区提供海上发射服务。

掘金未来：高增长赛道的战略选择

关于未来产业的定位和发展路径，学界和产业界始终存在着热烈争论。主流观点倾向于将未来产业等同于战略性新兴产业，如将动力电池、光伏、人工智能、量子计算等新兴领域视为未来产业的代表。这种认识确实有其合理性：未来产业与战略性新兴产业都具有技术先进性、增长潜力巨大、产业带动效应显著等共同特征。而且，由于这些产业的技术路线和发展方向相对明确，更容易为地方政府和企业所把握，便于制定具体的支持政策和投资策略。这也解释了为什么近年来，各地纷纷出台支持新能源、人工智能等领域的产业政策，设立专项基金，打造产业园区，培育创新企业。

然而，这种简单对等的划分方式，却可能使未来产业陷入"以史观今"的思维定式。这种困境主要体现在三个层面。

首先是路径依赖的束缚。产业发展往往展现出强烈的历史惯性，现有的技术体系、产业结构和制度安排都是长期积累的产物，它们在很大程度上预设了未来发展的可能路径。以德国为例，其产业体系长期以精密制造和机械工程见长，这种结构性特征是数百年积淀的结果，涉及教育体系、职业培训、企业文化等多个维度。因此，即使在数字化转型的浪潮中，德国依然更倾向于发展"工业4.0"，将数字技术与传统制造业深度融合，而非像美国那样主导消费互联网领域。这种路径依赖既是优势的来源，也可能成为创新的桎梏。日本电子产业的衰落就是一个典型案例——过度依赖硬件制造的优势，错失了向软件和互联网转型的机会，最终在新一轮产业变革中逐渐失去竞争力。

其次是认知边界的局限。科技创新虽然强调突破和颠覆，但往往仍需要在已有知识体系的基础上渐进演进。就像爱因斯坦开创性的相对论理论，仍然建立在牛顿力学和麦克斯韦电磁理论等前人工作的基础之上。长期浸润在特定的知识体系和技术范式中，容易形成思维定式，难以跳出既有框架思考问题。这就是所谓的"专家陷阱"——专业的深度可能反而限制了视野的广度，使人们难以用未来的眼光重新审视现在。柯达公司就深陷这一陷阱，它虽然最早发明了数码相机，却因为过度依附于传统胶片业务的成功经验，未能及时转型，最终被数字化浪潮淘汰。

最后是短期利益与长远发展的矛盾。以新能源汽车产业为例，一些企业为了抢占市场份额和获取政府补贴，匆忙推出技术不成熟、质量堪忧的产品。这种急功近利的做法虽然能在短期内创造经济增长和就业机会，但从长远来看却可能导致产能过剩、资源浪费和环境污染等一系列问题。更严重的是，这种行为可能损害整个产业的声誉和消费者信心，阻碍产业的健康发展。

引领未来：打造持久竞争优势

在百年未有之大变局的当下，仅仅关注行业内的渐进式创新已经远远不够。产业必须具备新眼光、新能力，才能在技术革命中保持竞争力。正如施瓦布在其著作《第四次工业革命》中所指出的，"我们正面临着前所未有的变革速度和广度"。未来型产业是用未来眼光引领今天、是"明天"的战略性新兴产业。具体而言：

一是，未来型产业应是由前沿技术突破推动的新兴产业，从而创造新的价值链，并为人类社会带来前所未有的可能性。以量子计算为例，这一领域的突破正在推动计算范式的革命性变革。就像IBM已经推出了可通过云访问的量子计算机，为研究人员和企业提供了探索量子计算应用的平台。

二是，利奥塔等哲学家提出的"元叙事"① 终结理论，不仅对哲学和文化研究产生了深远影响，也为理解产业的变革提供了新的视角。从这个角度看，未来型产业打破传统线性进步观，创造出多元化发展路径。物理学家伊利亚·普里戈金曾说："未来不是给定的，而是在创造中。"这句话精辟地道出了未来产业的开放性和多样性。以人工智能的发展为例，人们可以清楚地看到非线性发展的特征。AI并非沿着单一路径稳步前进，而是经历了多次起伏。从早期的专家系统到神经网络，再到当前的深度学习，每一次范式转换都打破了既有的发展轨迹，这种发展路径是难以用线性思维预测的。

三是，未来型产业代表了生产力的新高度，在不断突破现有生产关系的束缚的同时，推动社会生产方式的变革。人工智能作为未来型产业的代表，正在各个领域展现出强大的生产力。以制造业为例，智能机器人的应用大大提高了生产效率和精确度。但与此同时，它也给传统的雇佣关系带来了挑战。一些工厂开始出现"无人车间"，这就要求重新思考劳动力市场和社会保障体系。

但成也"未来"、败也"未来"，由于前沿技术发展的不确定性和难以预

---

① 元叙事（meta-narration），又称"大叙事"，是法国哲学家利奥塔（Jean-François Lyotard）在1979年首次提出的概念，主要用于批判理论，特别是后现代主义的批判理论中。它指的是对历史意义、经历和知识的完整解释，通过预期实现，为一个主导思想赋予社会合法性。

知，未来产业所涵盖的具体产业也是动态变化的。

因此，未来产业的发展是有前提有门槛的：既有自身的特点，也有自身的要求，绝不是几个人一凑、几个钱一投就能发展起来的。中国某些地区未来产业的发展遭遇挫折，原因就在于对未来产业的认识不足，以为参与就是发展新兴产业，以为投资了就能从中分得一份利益。

在我国，绝大多数的投资者都是在准备极不充分、条件极不具备的情况下一头扎进去的，最终只有被淘汰的份儿。由此观之，未来产业的发展是不可能一蹴而就、短期见效的，而是需要秉持"坐冷板凳"和"孵化培育"的长期思维。经过第一轮产业偏态发展后，未来产业将回归理性。未来产业既不是现有产业的简单升级版，也不是完全遥不可及的"科幻想象"。

归根结底，把握未来产业技术方向的内在演进逻辑和驱动力是未来产业领域选择的基本出发点。而这一切的培育都离不开时间的孵化和良性资本的正确引导。唯其如此，才能真正抓住这一轮未来产业发展的难得机遇，不重蹈产业泛化、资本泡沫的覆辙。

布局未来：创新型企业的战略思考

尽管未来产业长期来看依然任重道远、迷雾重重，但在定力的加持下，当下依然是抓住"先手棋"优势的好时机，提前构建面向新赛道的产业培育新思路，关键就在于打造适应未来产业发展需求的弹性空间，即突破传统的"机械设计"式的产业思路，提供有利于产业"生态圈"自发生长的环境。

一是在顶层设计上，产业规划要实现从"基于目标"到"基于变局"的战略转向。未来产业最迷人之处，在于其技术突破后引发的"物种大爆发"效应——一个关键节点的突破往往能带动多条产业链的兴起与繁荣。比如人工智能技术的突破，不仅催生了智能制造、自动驾驶等新兴产业，还深刻改变了金融、医疗、教育等传统领域。这种特性决定了未来产业是一场"长期培育，回报丰厚"的持久战。

因此，地方政府需要具备两种关键能力：一是穿越变局的远见，善于识别和把握产业发展的关键机遇；二是持续推进的定力，在产业培育过程中保持战略定力和政策连续性。若缺乏远见，产业规划就会陷入"倒果为因"的误区，热衷于设定具体目标而忽视发展路径的探索；若缺乏定力，每逢政府换届就可能上演"新官不理旧账"或"新官上任三把火"的戏码，导致产业发展战略摇摆不定，最终沦为"一地鸡毛"的尴尬局面。

二是在培育机制上，要通过"稳住存量、变革增量"的双轮驱动战略推进未来产业发展。"稳住存量"就是要立足本地产业基础和特色优势，找准未来产业与现有产业体系的契合点，形成独特的竞争优势。比如，传统制造业基础雄厚的地区，可以借助数字化转型打造智能制造新优势；农业大省则可以发展智慧农业和生物技术产业，实现传统优势向未来产业的转化。

"变革增量"则强调通过引入特大项目和龙头企业，带动产业持续迭代升级。宁德时代引领福建宁德锂电新能源产业发展的案例就充分说明了这一点：短短 10 年间，一个县级市崛起为全球最大的聚合物锂离子电池生产基地。特大项目和龙头企业不仅具有持续创新的内生动力，其规模效应还能带动本地产业链快速成长，形成产业集聚效应。

然而，未来产业的发展绝非单打独斗之事。产业的复杂性和不确定性决定了园区、集群将成为未来产业发展的主战场。完善的产业生态系统能够持续培育创新主体，不断注入产业发展的新活力。因此，产业园区和集群必须从传统的空间聚集向创新生态系统转型，成为区域产业创新的策源地和新增长极。

要打造充满活力的产业生态，需要在以下几个方面发力：首先是营造开放包容的创新环境，鼓励多元主体互动和跨界融合；其次是建立灵活高效的资源配置机制，促进技术、人才、资本等要素的自由流动；最后是构建多层次的创新支撑体系，为产业发展提供全方位的服务保障。

　　唯有以更开放的心态拥抱变革，以更灵活的机制适应变化，才能在未来产业发展的浪潮中抢占先机，赢得发展主动权。

专栏14-1："AI 驱动发展"逐渐成为时代主题

　　在处处皆 AI 的生存环境中，行业发展变得既简单又复杂。

　　一方面，从"简单"的维度来看，AI 正在以前所未有的速度提升行业运行的效率和精准度。以往需要大量人力完成的复杂任务，现在通过机器学习、知识图谱等技术，可以实现自动化和智能化处理。这大大简化了行业的业务流程，降低了运营成本。同时，AI 还能通过海量数据的分析和挖掘，为行业决策提供更加精准的洞见，使很多以前看似复杂的问题变得直观简明。比如在金融领域，AI 可以通过对交易数据的实时分析，快速识别欺诈行为，大幅提升风险管控的效率和准确性。

　　另一方面，从"复杂"的维度来看，AI 也在重塑行业生态的底层逻辑，让竞争态势变得更加复杂和不确定。过去行业的竞争边界相对清晰，而如今 AI 的跨界应用正在打破这些边界，催生出更多跨行业、跨领域的融合创新。行业巨头和科技新贵跨界竞争、协同共生的现象愈发频繁，传统的行业格局被打破，新的生态正在重构。更别提，人工智能时代的创新日益呈现自下而上的涌现模式，行业创新的方向日益变得不可预测、创新点的涌现不可控制、创新人才的出现变得不易识别。比如 Sora 这类技术上的领先产品的涌现，更加让已经适应创新可以被预测、规划、管理、预期产出的行业出现焦虑。

第十五章 跨界创新：打造 企业新增长极

　　人们正在经历一场静默的革命，它不是由单一的技术突破推动，而是由无数创意的碰撞、资源的重组、边界的模糊共同塑造。跨界融合正以前所未有的速度和广度重塑产业版图，展现出高维创新性、生态协同性、价值重构性、开放包容性和风险共担性等鲜明特征。在新一轮产业大变局的门槛前，跨界融合成为塑造未来的关键力量，这源于用户需求的深刻变化、产业竞争的立体多维化，以及科技创新面临的瓶颈突破需求。要实现"1＋1＞2"的联合效应，企业需要在技术互补、市场协同、资源共享等多个维度建立有机联系，同时平衡好开放与管控、传统与创新之间的关系。在这个无界的世界里，企业不再是孤立的实体，而是复杂生态系统中相互依存的一部分，跨界融合已然成为产业创新的必答题。

跨界创新：重塑商业竞争格局

　　跨界融合正以前所未有的速度和广度重塑产业版图。从数字技术对传统行业的全面渗透，到新兴产业之间的深度交织，跨界融合已不再是个别企业的差异化战略，而是产业发展的主旋律。每天都有令人惊叹的跨界故事在上演。

在 2024 的中秋节，跨界成了月饼的新"食"尚。苏州稻香村与爆火全球的游戏 IP《黑神话：悟空》联名，制作了"齐天揽月"月饼礼盒，将天命人、黄眉、波里个浪、虎先锋、黑熊精、公司的猫 6 个游戏角色做成了 6 种月饼造型。据了解，"齐天揽月"月饼礼盒仅在稻香村官方旗舰店就已经卖出数万盒。此外，良品铺子 2024 年首次与黄鹤楼 IP 联名，首推"低糖坚果"月饼。《2024 中国月饼行业市场趋势》报告显示，在月饼市场营销方面，通过 IP 联名方式推出的月饼产品越来越多，行业骨干企业基本已经或曾经进行过品牌联名的合作。无独有偶，还有"卖缝纫机的 A 股公司，竟开始跨界买飞机"。2024 年 6 月，在两次延期后，上工申贝终于回复了上交所的问询函，解释其跨界收购飞机资产的原因，同时也再次强调此次交易的风险。而在此几个月前，上工申贝宣布通过向德国子公司增资等方式，以 1 300 万美元（约合人民币 9 238.97 万元）购入正处于破产重整中的美国 ICON 公司相关有效资产。

而一些更富想象力的跨界尝试也在不断涌现：海底捞跨界美妆，推出火锅主题化妆品；完美日记联手敦煌博物馆，将传统文化元素融入彩妆产品；钟薛高携手李宁，推出运动主题雪糕；泡泡玛特与肯德基合作，将潮玩文化引入快餐行业。这些看似不搭界的组合，却因精准洞察年轻消费者需求而获得成功。

在科技领域，跨界融合的案例更是层出不穷。百度的 Apollo 自动驾驶平台汇集了汽车、芯片、传感器等多领域企业；阿里云联手施耐德电气，将云计算技术引入工业自动化领域；小米与徕卡合作，用百年光学技术提升手机影像水平；华为联手北汽，用 ICT 技术赋能汽车智能化升级。

由上可知，跨界合作正在以其独特的创新模式重塑产业格局。这种合作不同于传统的产业链协作或简单的商业联盟，而是展现出鲜明的时代特征。

首先是高维创新性。现代跨界合作往往发生在看似不相关的领域之间，却能碰撞出惊人的创新火花。比如，传统银行与科技公司的合作，不仅带来了移动支付等创新产品，更催生了智能风控、数字普惠金融等全新业态。工商银行携手华为打造的"智慧银行"，将5G、AI等前沿技术与传统金融服务深度融合，重构了用户体验。宁德时代与大众汽车的合作，则通过电池技术与整车工艺的创新组合，加速了新能源汽车的技术进步。

其次是生态协同性。当代跨界合作不再局限于点对点的简单合作，而是倾向于构建更大范围的创新生态。小米的AIoT生态就是典型案例，它通过与数百家生态链企业合作，打造了涵盖智能家居、出行工具、个人穿戴等多个领域的产品矩阵。华为鲲鹏计算产业生态则汇集了操作系统、数据库、中间件等多层次合作伙伴，共同推动计算产业的自主创新。

再次是价值重构性。跨界合作不仅创造新产品，更重要的是重新定义价值创造方式。特斯拉与松下的电池合作，不仅提升了产品性能，更重塑了整个汽车产业的价值链。蚂蚁集团与中小银行合作，通过输出技术能力和风控模型，改变了传统金融机构的服务模式。美团与商户的数字化合作，则重新定义了本地生活服务的场景和标准。

从次是开放包容性。现代跨界合作突破了传统的封闭思维，呈现出更加开放和包容的特点。阿里云联合施耐德、西门子等工业巨头打造工业互联网平台，促进制造业数字化转型。腾讯与故宫博物院的合作，将科技创新与传统文化完美融合，开创文化传播新模式。英特尔与联想、惠普等品牌的合作，形成了PC产业的创新联盟。

最后是风险共担性。面对技术快速迭代和市场不确定性，跨界合作往往采用风险共担、利益共享的模式。比亚迪与丰田在新能源汽车领域的合作，通过优势互补降低研发风险；微软与 OpenAI 的合作，则通过长期投资分担人工智能研发的不确定性。

解码跨界：价值驱动机制

跨界融合之所以备受追捧，究其根本，当人们站在新一轮产业大变局的门口，跨界融合正在悄然成为塑造未来的关键力量。回溯历史，早期的产业革命往往由单一的突破性技术或发明推动，而随着时间的推移，推动变革的因素变得越来越复杂，这一趋势在今天达到了前所未有的高度。

首先，用户需求在变化，现代消费者不再满足于单一的产品或服务，而是期望获得整体的解决方案。智能手机产业是这种趋势的典型代表。最初，手机仅仅是一个通话工具。但随着用户需求的变化，现代智能手机已经演变成一个集通信、娱乐、工作、健康管理等多功能于一身的综合平台。以苹果公司为例，它不再仅仅是一家硬件制造商，而是构建了一个包含硬件、软件、服务的生态系统。iPhone、iOS 操作系统、App Store、iCloud、Apple Pay 等产品和服务相互融合，为用户提供了"一站式"的数字生活解决方案。这种整合不仅模糊了硬件和软件的界限，还使得苹果进入了金融、健康、娱乐等多个领域。

其次，产业竞争从单一维度扩展到立体多维，产业制高点的竞夺已非局限于"企业"层面的纯商业领域，而是集技术、资本、组织等要素融合下的"模式"竞争。比如，突破性创新往往发生在不同技术领域的交叉点上。这就要求企业不仅要在自身的核心技术领域保持领先，还要有能力整合和利用其他领域的技术。特斯拉的成功不仅仅依赖于其在电池技术上的突破，还包括了对人工智能、物联网、新材料等多个技术领域的整合。特斯拉构建了一个包含电动汽车、太阳能发电、能源存储在内的生态系统，这种模式创新使其在新能源汽车领域占据了领先地位。

最后，随着一个世纪前基础科学跃进留下的科技红利被消化得七七八八，沿着原来的路线越走越窄，企业不得不从应用场景、产业生态等多方面去寻求拓展空间。由于科技创新存在投入大、回报周期长等问题，不少企业存在轻创新、轻技术、轻研发等现象，即使重视研发也可能存在科技成果转换瓶颈问题。以半导体行业为例，传统的硅基技术正在接近物理极限。摩尔定律预测芯片上的晶体管数量每两年翻一番，但单纯依靠缩小晶体管尺寸来提升性能的方法已经难以为继；再看医疗健康领域，传统的药物开发面临着研发周期长、成本高、成功率低的挑战。特别是在抗生素领域，随着耐药菌的出现和蔓延，单纯依靠开发新型抗生素已经难以应对细菌感染的挑战。

价值创造：跨界创新的核心逻辑

从本质上来说，跨界融合在于资源链的打破重组和产业链的延伸拓展。例如，华为公司就依托跨界创新的技术和资源，从通信产业跨界到光伏行业，把副业干成了主业。十余年前，华为站上新赛道，主推以组串逆变器为核心的智能光伏解决方案，其后，首次将 AI 技术引入光伏、打造"全场景智能光伏"的产业生态……通过技术、资源的整合创新，华为在光伏逆变器领域成为全球第一，占据超 25％市场份额。

从产业链层面来看，跨界融合是企业自身格式化后，向外扩张的最优解之一。亚马逊公司的发展历程就是一个很好的例子。从最初的在线书店，到如今的全品类电商平台、云计算服务提供商、智能家居设备制造商，亚马逊通过不断地跨界融合，构建了一个庞大的生态系统，满足了消费者多元化的需求。跨界融合还体现在传统企业的数字转型中，耐克从传统运动鞋服制造商转型为数字化体育生态的制造者，通过收购数字健康应用、建设线上社区和开展智能产品研发，实现了品牌和消费者的深度互连。

值得注意的是，跨界融合还催生了一系列创新性的商业模式。数字技术的发展使得传统行业边界变得越来越模糊，为企业创造了前所未有的创新空间。例如，美团从外卖配送起步，通过数字化能力的跨界应用，逐步构建起覆盖本地生活服务的综合平台；蚂蚁集团将金融科技能力输出给传统金融机构，开创了科技赋能金融的新模式；字节跳动凭借算法优势，从短视频领域扩展到教育、游戏等多元化业务。这些案例都展示了跨界融合如何激发商业创新，创造新的价值空间。

更深层次来看，跨界融合正在催生一个充满活力的创新生态系统，不断涌现出令人惊叹的"奇点"。它突破了传统的行业藩篱，促进不同领域的技术、理念、模式深度交融，不断孕育新的产业形态。小米通过 AIoT 战略连接数百家生态链企业，共同打造智能生活新体验；宁德时代将电池技术延伸到储能、电动工具等多个领域，推动新能源技术的广泛应用；腾讯通过产业互联网战略，将数字技术能力输出到各个传统行业，加速产业数字化转型。

混搭致胜：商业模式创新实践指南

跨界从本质上来说，就在于资源链的打破重组和产业链的延伸拓展。从产业链层面来看，跨界是企业自身格式化后对最优解的追寻。企业的跨界行为本身，便意味着向现有业务之外寻求突破，这样的突破也往往意味着让企业所在的行业变得更趋多样，自然少不了在产业链上进行拓展与延伸。

具体而言，企业将内部劳动力、设备、数据、技术、资本等生产资料全局优化配置，从而高度协同原有供应链、服务链、物流链、金融链，向原有发展维度之外延伸拓展；从资源链层面来看，跨界更是企业组团打破边界意识，从而实现资源互通与跨界互融，比如资本互助、渠道共享、人才共通、技术共研等。

现有的跨界不仅是单个企业的行为，更有多家企业之间的组团合作，随之而来的便是不同企业之间对各自所掌握资源的交流与合作、开放与共享，促使组团跨界的企业对各自的资源链进行重新整合；此外，就未来产业发展而言，对产业链、资源链进行延拓、整合也是大势所趋。随着互联网技术对各行各业的深度格式化，产业之间的界限将日渐模糊，没有任何产业可以自成一体。在这样的趋势面前，有能力布局多条产业链并在其中发挥影响、有能力获取和利用多种产业所需的多种资源，将在并不遥远的未来成为对企业的普遍要求。这也在客观上要求企业在延伸、拓展产业链，整合资源链上不断进取。

以产业链为纵坐标、以资源链为横坐标，并在这个平面坐标系内优化要素配置和商业模式再造，很容易就可以得出混搭跨界的三大商业模式。

一是纵向延伸型，即产业链维度上的纵向拓展。或是为了降低交易成本、增加利润和产业链韧性，很多公司开始向产业链上下游延伸；或是为了布局新的技术路线，也产生了一批跨界热。比如新能源汽车电池巨头宁德时代自2021年起加速向产业上游延伸，平均每年布局约三个矿产项目，已参与十余项矿产项目的开发及运营，海外矿布局遍及北美洲、大洋洲、非洲和南美洲四大洲，从而牢牢把握了上游关键资源及材料供应，在定价方面进一步掌握主动权；再比如随着城市管理进一步下放经营管理权，以及垃圾分类政策产生的新市场，很多想要近水楼台先得月的物业企业自然盯上了这块新鲜出炉的蛋糕，凭借已有资源优势，开始跨界进入环卫领域。

二是水平移动型，即资源链维度上的优化整合。对内来说，识别、筛选和吸收与企业内部资源匹配的有价值的外部稀有资源，如隐性技术知识，并将其整合到自己的资源链中；对外来说，可以将外部资源与内部资源链进行有效的结合与融合，将企业内外资源进行有效的活化，进而可以将内外资源的效率和效能最大限度地发挥出来。比如，"老字号"大白兔就找准了与新式茶饮企业快乐柠檬的品牌和产品资源的链接，以全国商场巡展模式推出"大白兔奶茶"快闪店，一经上市就刷爆网络，排队等候 5 小时也都有人愿意，甚至还被炒出了 500 块钱一杯的天价，上演了一次精彩的"逆袭"。

三是渠道混合型，即推倒过往产业链和资源链边界，在坐标系中斜向移动。企业将已有资源进行整合，不断地投入到新的产业中去，最终打造出新的核心业务与商业模式。以新东方为例，随着"双减"等相关政策的变动，昔日教育巨头新东方风光不再，却凭借文化产业资源优势打通线上渠道资源，跨界转型为文化型直播带货集团东方甄选，直播老师们幽默风趣、富有人格魅力的语言，迅速将观众带进知识的汪洋大海，使人感到购物是一种学习、一种快乐、一种享受，以其独特的"文化慢直播""乌托邦式反消费直播"风格，成功完成了自身的转型迭代。

协同效应：释放跨界创新的倍增价值

产业跨界融合实质上是一个生态系统的演化过程，就像一场精密的交响乐，需要不同乐器的和谐配合才能奏出动人旋律。在这个过程中，企业往往需要面对多重挑战和风险的整合。

苹果公司进军移动支付领域的经历生动诠释了这一点。开发 Apple Pay 不仅需要突破 NFC 技术、生物识别等技术壁垒，还要与银行、商户、支付网络等多方建立复杂的技术对接。仅在安全标准的制定上，它就需要平衡各方诉求，确保系统的安全性与便利性。同样地，谷歌 Waymo 在自动驾驶领域的探索也面临着多重风险考验。从数据隐私保护到事故责任认定，从道路测试许可到保险制度完善，每一步都需要审慎应对。特斯拉在全自动驾驶功能推广过程中遭遇的争议，凸显了技术创新与安全监管之间的复杂博弈。

客观而言,要实现跨界融合"一加一大于二"的联合效应,看似凭空想象,实则需要建立千丝万缕的联系。这种联系可能来自技术的互补、市场的协同、资源的共享等多个方面。例如,迪士尼收购皮克斯的成功就源于双方在内容创作、技术创新、品牌影响力等多个方面的互补。迪士尼拥有强大的IP和全球发行网络,而皮克斯则在计算机动画技术和创新故事创作方面独树一帜。两家公司的结合不仅创造了一系列成功的动画电影,还推动了整个动画产业的技术进步。

文化融合同样是一个关键挑战。微软收购LinkedIn的案例展示了文化整合的重要性。尽管两者在战略层面高度契合,但如何保持LinkedIn的创新文化,同时实现与微软企业文化的有机融合,成为收购成功的关键因素。腾讯与京东的战略合作则展示了资源协同的威力,腾讯的社交流量与京东的电商能力相结合,创造了独特的社交电商模式。

跨界融合的成功并非没有上限。如果说产业无边界压低了跨界融合的门槛,那么其上限则由几个关键的均衡点决定。Netflix从DVD租赁向流媒体转型的决策,展示了如何在短期收益与长期价值之间寻找平衡。华为公司在智能汽车领域采取的"黑土地"战略①,则显示了如何在开放与管控之间找到最佳点。宝马在电动化转型中,既保持了优质造车传统,又大胆拥抱新能源技术,展现了传统优势与创新能力的完美统一。

当前,我们正在经历一场静默的革命。这场革命不是由单一技术突破推动,而是由无数创意的碰撞、资源的重组、边界的模糊共同塑造。在这个无界的世界里,企业不再是孤立的实体,而是复杂生态系统中相互依存的一部

---

① 如果将生态比喻为一个花园,那么这样的生态规模已经堪称繁花似锦。为什么会这样?繁花似锦的背后,是独特的"黑土地"。华为公司创始人任正非在2022年的一次讲话中这样说,"关于生态,华为云要做东北的黑土地,要让合作伙伴分享利益,这样合作伙伴都想和华为合作。合作伙伴多分一点,华为少分一点"。

分。它们像是宇宙中的星体，既保持自身的独特性，又通过引力相互影响，形成更大的星系。

传统的科层制组织正在让位于更加灵活的网络式结构，创新模式更趋开放化，价值创造愈发网络化。苹果的 App 生态、亚马逊的 AWS 平台，都展示了平台化思维对价值创造的革命性影响。在这个万物互联的时代，跨界融合不再是选择题，而是必答题。企业要在保持战略定力的同时，勇于突破固有边界，在开放协同中实现创新突破。正如日本"经营之圣"稻盛和夫所言："经营的本质是创造。"而在今天，这种创造越来越依赖于跨界融合的力量。

专栏 15-1：企业的核心竞争力面临消解与洗牌

一是随着新技术、新理念的不断涌现，它们要求企业必须追得上市场需求的剧烈变化。从区块链、元宇宙到如今的人工智能、具身智能，无论是技术迭代，还是从理论到产品落地的时间间隔都变得越来越短。"天下武功唯快不破"，企业核心竞争力也必然要随着时势迭代。以 AI 行业为例，无论是 OpenAI 还是 Midjourney，都是技术力起家的小团队——谁能用最短的时间抢占新技术风口，谁才有可能甩开竞争者。

二是围绕核心竞争力有序迭代，但技术创新与产品落地的速度却是一大短板。就如曾经的胶片行业龙头柯达，在数码时代到来时，由于担心数码相机会影响其核心胶片业务，迟迟未能实现从胶片到数码的转型。尽管其在 1975 年就制造出了数码相机，但直到 2003 年才正式宣布放弃传统胶卷业务。然而，由于柯达始终未能从数码相机中获得利润，加之市场对胶片的需求急剧下降，柯达最终在 2012 年申请破产保护。

此外，对于大企业而言，它们还得时刻提防周边顺势而起的新势力。正如比尔·盖茨就曾在一次采访中说："我最恐惧的是那些正在破车库里没日没夜捣鼓新名堂的年轻人。"即使是在车库里开始的小公司，也有可能成长为行业的领导者，并对现有的大公司构成威胁。而像微软这样的领袖企业，必须始终保持警惕，防止被新兴的小公司所超越。

时代更迭消解了企业的核心竞争力，这是历史发展的常态，但万变不离其宗，核心竞争力的迭代并不意味着领袖企业必然要抛弃原有的核心竞争力：一方面，核心竞争力由企业长期打造形成，也需要不断巩固完善和提升。如卡西欧就是依托其在显示器系统方面的核心竞争力，逐步参与到计算器、微型电视机、笔记本电脑屏幕和汽车仪表盘等各种相关业务的竞争。另一方面，核心竞争力又往往是企业自身专长的组合，其他企业很难复制。以 3M 公司为例。该公司将可广泛共享的技术能力运用在感光胶片、涂料以及黏合剂等产品中，尽管 3M 的业务组合看起来极为多样化，但背后起支撑作用的却是几项共享的核心竞争力。由此可见，核心竞争力的迭代，往往是形变而神不变。

专栏 15-2：商业模式创新将变得更为频繁、多样

比如内核型，即以自身核心优势为原点外扩，形成新的产品与服务。无人机领域占有九成市场的大疆，通过整合、优化现有资源，将图像识别、智能控制、电控硬件等无人机业务与自动驾驶业务升级对接，携手上汽跨界造车，横跨"天上飞"和"地上跑"产业链完成了企业的开疆拓土。而在智能手机行业，小米在锁定原有赛道资源链的同时向产业下游延伸，谋求更高价值领域，从智能手机跨界到智能穿戴、智能家居、智能出行，扎根市场，打造出"小米科技生态"；华为则是向上游狠抓技术，以需求倒推技术创新，在半导体、基站、云计算、射频技术、汽车等各个领域发力，以技术赋能产业。

又比如赋能型，即自身虽不直接入场，但能够通过赋能场内企业，推

动业内商业模式的迭代。美国高科技物流巨头罗宾逊没有自己的汽车、船只、飞机，也没有任何交通工具，但凭借着"轻资产"3PL（第三方物流）模式，通过合同形式为客户提供供应链客制化的解决方案以及其他相关增值服务，轻而易举地在全球范围内完成货物运送，并借此成功跻身美国《财富》杂志排行榜，同时也是3PL中最大的一家。事实上在数字时代这样的例子太多了：零售商巨头没有自己的库存、住宿服务巨头没有对外营业的住房、传媒巨头自己不生产内容等。

再比如重塑型，即依托新技术、新要素，对既有业态进行"破坏式创新"。以大模型为例，各式AI能够通过学习和理解人类的语言来进行对话，还能根据聊天的上下文进行互动，真正像人类一样来聊天交流，甚至能完成撰写邮件、视频脚本与图片创作、文案、翻译、解题、写代码和论文，落地应用开始覆盖工业、能源、教育、金融、通信、媒体等众多行业，例如工业领域的零部件质量检测、能源领域的输电线路巡检、金融行业的合同信息抽取等，最终实现对传统业态各行各业的颠覆与重构。

第四篇

↓

第四个"铁三角"

——穿透变局

第十六章 第四个"铁三角" 与逻辑架构

行业发展不再呈现波峰波谷的周期式状态，原有的发展模式已经走到了尽头。正如当下的产业大变局有其独特的底层逻辑与演化脉络，企业把握产业变局的机遇也需要具备相应的能力与要素。偏态、生态、矩阵这三个关键词构成了企业层面把握产业变局的"铁三角"。这三个要素相互联系、相互作用，共同构成了企业在产业变局中把握先机与优势的关键要素。

"钢铁大王"卡耐基也曾创业失败

1862年，美国最大钢铁制造商安德鲁·卡耐基在宾夕法尼亚州西部买了几口油井，在地下挖了个大坑，用来储存10万桶石油。当时，"钢铁大王"卡耐基不光混迹在钢铁制造业，还是哥伦比亚石油公司的一个大股东。他认为，由于大规模的钻井活动，美国现有的油田将很快枯竭。《英国石油公司统计回顾》的数据显示，当年的石油价格约为每桶1美元。他的打算是，等到石油供应枯竭，自己就可以靠着储存下来的油，赚得盆满钵盈。然而，现实的产业发展情况恰恰相反，石油供应源源不断，卡耐基储油计划不仅未能实现其预期目标，还带来了巨大的财政负担。

卡耐基储油计划的失败警示我们，即使是由顶级企业家制定的战略，如果他未能准确把握产业变革的方向，其制定的战略在实施时也可能陷入困境。如今，商业环境更为瞬息万变，一边是"停滞"，过去很多高速增长的市场都饱和了，进入了存量市场。混凝土销售呈下降状态、玻璃销售呈下降状态、钢材销售呈下降趋势……发展模式变成了一片红海。另一边是重构，对行业和业务进行重新定义，就像电视如今更像是一台交互式的网络终端，汽车也演化成"有四个轮子的手机"，原本边界清晰的产业成为复杂的共生体。再比如一边是日益躁动的科技热点，比如无人驾驶、虚拟现实（VR）、人工智能等，产品化、商业化的临界点似乎近在眼前；另一边是企业转型的进退两难，"无人车间""黑灯工厂"日益普遍，数字化转型成为题中应有之义，但广大中小企业位于价值链中低端，数字化基础较弱、改造周期长难度大，又如何拥抱日新月异的前沿技术？

周期式的行业发展走到了尽头

从当下的现实来看，行业发展不再呈现波峰波谷的周期式状态，原有的发展模式已经走到了尽头。正如当下的产业大变局有其独特的底层逻辑与演化脉络，企业把握产业变局的机遇也需要具备相应的能力与要素。

首先是偏态考验，即企业能否穿越技术偏态曲线（详见第十七章）。科技创新历来是大变局的关键变量，著名战略管理专家约翰·马修斯曾指出，各个行业发生跃迁的本质是因为技术杠杆的作用。某种意义上，当前所有能突破常理发展的企业，都是利用技术杠杆实现跃迁的。例如，国际电商平台希音（SHEIN）看起来是快时尚公司，但是这个企业其实把数据变成了生产要素，然后通过数智化的方式去链接这些供应链和市场要素，最终利用低成本实现快时尚的跃迁式发展。技术变革无疑是企业把握产业变局的核心驱动力，它不仅塑造了新的商业模式和市场格局，还重新定义了产业的边界和价值链。

然而，鉴于技术发展的偏态性、曲折性，技术变革对企业也可能是把双刃剑。偏态考验的是技术曲线与企业布局点的契合度。在技术发展的偏态曲线上，企业需要找到恰当的切入点。美国奈飞公司（Netflix）的发展历程就很好地诠释了这一点。公司从 DVD 租赁起步，敏锐地把握到流媒体技术的潜力，果断转型为在线流媒体服务提供商。这一转型不仅改变了公司自身的商业模式，还重塑了整个影视内容的生产和消费方式。如今，Netflix 已经发展成为全球最大的流媒体平台之一，并开始涉足内容制作，进一步强化了其在产业中的地位。

其次，如果说偏态本质上是对技术曲线与企业布局点的精准把握，那么生态则意味着要从线扩展到面，打造包含产业链、供应链在内的产业生态系统。一个产业的发展不仅取决于核心技术的突破，还依赖于相关产业生态的支撑。当前，数字经济、能源转型等新方向、新变局，都面临着"基础设施"的更新需求。例如，在人工智能领域，除了算法的创新，还需要高性能计算硬件、海量数据、应用场景等多方面的支撑。

英伟达的成功就是一个典型案例。除了 GPU 与算力，CUDA[①] 生态才是英伟达 AI 霸主护城河。英伟达的 CUDA 是一个免费、强大的并行计算平台和编程模型，这个模型开放给开发者社区，允许研究人员、工程师和企业利用 GPU 进行高性能计算。一方面，凭借 CUDA 在深度学习、图像和自然语言处理、流体动力学、分子动力学、量子化学等方面的广泛应用，英伟达

---

① CUDA 是英伟达公司设计研发的一种并行计算平台和编程模型，包含了 CUDA 指令集架构以及 GPU 内部的并行计算引擎。开发人员可以使用 C 语言来为 CUDA 架构编写程序，所编写出的程序可以在支持 CUDA 的处理器上以超高性能运行。

与诸如戴尔、惠普、联想等知名 OEM（Original Equipment Manufacturer，原始设备制造商）厂商，以及 Netapp（数据基础设施厂商）、Pure Storage（存储厂商）等渠道合作伙伴和如埃森哲等服务公司展开了深度合作；另一方面，CUDA 整合英伟达体系，培养了开发者和使用者的用户黏性，这种深度使用使得用户在选购硬件产品时倾向于选择对 CUDA 有更好支持的英伟达产品，进而建立起稳固的客户忠诚度。

总之，成功的产业生态一方面具有高度的开放性和包容性，Microsoft 在 PC 时代的成功很大程度上归功于其开放的 Windows 平台；另一方面深刻体现了价值共创，Spotify 在音乐流媒体领域的成功，很大程度上归功于其与音乐人、唱片公司建立的共赢模式；同时也是持续创新、持续生长的有机系统，IBM 从硬件制造商转型为服务提供商的过程，就是其不断调整生态策略的结果。这就意味着企业需要超越传统的线性思维，采用系统性的生态思维来制定战略、配置资源，形成持续创新的动力，从而建立起难以替代的核心竞争力。

最后，不论是跨越技术偏态曲线还是构建产业生态体系，都说明面临产业变局，不只有机遇，更有风险和挑战；也进一步揭示出，企业需要以新金融模式为杠杆，撬动产业大发展。在当前产业变革的大背景下，矩阵式基金的发展正在成为推动产业资源整合和产业矩阵形成的关键力量。这种新型金融模式不仅优化了资金配置，更重要的是创造了一个协同创新、资源共享的产业生态系统。

就资金配置而言，矩阵式基金通过多个赛道分散投资风险，通过多个层次资本的市场化运营不断撬动大项目，又将风险最小化。横向覆盖多个科技产业赛道，由企业选择具体细分领域，其在选择过程中形成战略定力；纵向匹配多个层级的资本，实现从传统机构资金到产业资本的全覆盖，资本资质不同，参与项目也形成差异。

就信息共享和资源共享而言,通过建立信息和资源共享平台,矩阵式基金可以促进被投企业之间的协同与合作,提高整体效率。红杉资本中国就采用了这种方式,它不仅提供资金,还为被投企业搭建了交流平台,定期组织被投企业聚会,促进经验交流和潜在合作。这种模式促进了知识溢出,优化了资源利用,并为跨企业、跨领域的创新合作创造了条件。

总之,多元化布局有助于分散风险,矩阵式结构则使得资金、人才、技术等资源能够在更大范围内流动和优化,可以说,以矩阵式基金为代表的新金融模式将推动整个产业链的协同升级(详见专栏 16-1)。

偏态、生态、矩阵的三角关系

偏态、生态、矩阵这三个关键词构成了企业层面产业变局的"铁三角"。技术变革为产业生态带来新的发展方向和机遇;健康的产业生态为技术创新提供应用场景和良性反馈,指引技术发展方向;而矩阵式基金则通过资金支持和资源整合,加速技术创新和产业生态的演化。与此同时,这三个要素亦是相互作用的,它们共同构成了企业在产业变局中把握先机与优势的关键要素。

其一,技术变革是产业变局的核心驱动力,但技术变革并非孤立发生,它需要适宜的土壤和资源支持,这就是产业生态和矩阵式金融模式发挥作用的地方。

其二,产业生态为技术变革提供了肥田沃土。一个健康的产业生态系统包括上下游供应链、研发机构、人才培养体系等多个方面。它为技术创新提供了必要的支撑,同时也是技术应用和商业化的重要场所。正如新能源汽车的迅速发展不仅依赖于电池技术的突破,还需要充电基础设施、智能网联系统、新型材料等多个领域的协同发展。产业生态的完善程度直接影响了技术创新的速度和深度。

其三，矩阵式金融模式则为技术变革和产业生态的发展提供了关键的资金支持和资源整合能力。通过多赛道押注，矩阵式基金可以同时支持多个相关技术领域的发展，不仅分散了风险，还能在这些技术的交叉点上发现新的机会。马斯克无疑深谙此道。无论是 Space X 还是特斯拉，其成长都需要源源不断地为其"供血"，据不完全统计，从 2004 年至 2021 年，特斯拉融资至少 200 亿美元。从 2012 年到 2022 年一季度，特斯拉累积拿了 60 多亿美元的碳积分收入。可以说，在过去不能靠汽车盈利的十年里，特斯拉就是靠着碳积分的"输血"才走到今天的。此外，马斯克还将手上的多个企业，打造成了一个融资平台，让企业可以互相输血——Space X 曾买过 SolarCity 上亿美元的债券，而特斯拉则用 26 亿美元收购了 SolarCity。在资金杠杆的作用下，马斯克才能带领这些烧钱的企业冲出重围，走到今天。

值得注意的是，"铁三角"的相互作用与碰撞也带来了一些挑战。技术变革的速度可能超过产业生态的适应能力，导致"技术—应用"脱节；产业生态的复杂性可能增加了资源配置的难度；而矩阵式基金的多元化投资策略也面临着管理复杂性增加的问题。因此，只有具备前瞻性视野、系统性思维和灵活决策能力的企业，才有望在复杂的产业变局中把握先机，持续保持竞争优势。

专栏 16-1：矩阵式基金

政府扮演引导者、组织者的角色，做好战略引导；由企业、社会资本唱主角，充分遵循"春江水暖鸭先知"的第一性原理决策，市场化运营"风险共担、利益共享"。

横向覆盖 N 个科技产业赛道，即面对国家重大需求的战略领域进行产业布局，由企业选择具体细分领域，其在选择过程中形成战略定力，"投小""投早""投科技""投长期"。

　　纵向匹配 N 个层级的资本，矩阵式基金要实现从传统机构资金到产业资本的全覆盖，并通过一套筛选机制理顺 N 个层次，各个层次中资本资质不同，参与项目也形成差异。

　　如果说传统的政府 LP（有限合伙人）与市场 GP（普通合伙人）之间的委托代理，相当于政府仅转移投资经营权，无法转移投资风险；那么矩阵式基金则通过 N 个赛道分散投资风险，在通过 N 个层次资本的市场化运营不断撬动大项目的同时，将风险最小化。

第十七章　穿越技术偏态曲线

　　每次技术周期来临的时候都可以创造出伟大的公司和巨量的财富积累。然而，技术发展不是线性的，而是偏态的、曲折的，大多数企业往往只看到了高峰的绽放，却忽视了谷底的泥泞。就此而言，穿越技术偏态曲线并不意味着企业要持续实现爆炸式增长，而是如何顺应曲线，尽可能地化解技术周期波动的离散度。

英特尔为何与时代失之交臂

　　在 2006 年的 Mac Word 大会上，史蒂夫·乔布斯宣布了苹果电脑将内置英特尔芯片。此次合作之前，英特尔主导着世界绝大部分个人电脑 CPU 市场，苹果则是最后一块未被征服的"处女地"。此次合作似乎意味着英特尔进一步坐稳了芯片霸主的位置。之后不久，乔布斯又带着一个新想法找到了欧德宁，希望英特尔可以为苹果最新的智能手机产品制造芯片。然而，英特尔拒绝了 iPhone 的合同，担心其手机项目不能取得足够的成功以回报英特尔的投资。等到苹果手机如日中天时，英特尔再去找苹果，被苹果拒绝了。此后十多年来，苹果对定制芯片的持续投资不仅阻止了英特尔在移动领域有任何作为，还帮助苹果建立了必不可少的软件平台。2023 年苹果宣布，其后上市的 Mac Pro 电脑将采用全新自研芯片。也就是说，连电脑都不用英特尔了。

两次合作意向，一成一败，反映出的是，当时的英特尔既没有认识到 PC 芯片已跨越行业发展最高点，开启下行阶段，也没有认识到手机芯片将成为市场新宠，步入繁荣期，结果就是与时代失之交臂。没能与英特尔做成生意的苹果通过与亚洲企业合作开始研发和生产智能手机用芯片。最终，大量半导体产能流向了台湾。而英特尔原本独领风骚的半导体制造技术也被亚洲企业赶超，如今沦为步其后尘的存在。其 2024 年营收为 531 亿美元，全年毛利率为 32.7%，较去年同期 4%，下降 7.3%，净亏损 188 亿美元。

要知道，每次技术周期来临的时候都可以创造出伟大的公司和巨量的财富积累。汽车时代成就了福特、通用，也成就了企业家福特和洛克菲勒家族等。到了计算机时代，它成就了 IBM、微软、苹果，成就了世界首富比尔·盖茨等。然而，即使是伟大的企业，也难以把握每一个技术周期，也无怪乎技术周期成为研究焦点。

经济学家约瑟夫·阿洛伊斯·熊彼特提出，历次技术飞跃是经济发展最为关键的要素，在每一个技术周期中，会有一个新的社会群体获得新的美好生活。例如，第一个周期发生在工业革命时期的英国，工业革命提升了资产阶级的地位，也创造了工人群体。第二个周期从 1829 年开始，引发了维多利亚时代煤炭、蒸汽、钢铁和铁路的繁荣，并见证了新兴城市中产阶级的诞生。第三个周期是钢铁、重型工程和大航海的时代，这带来了英国引领的第一次全球化，美国和德国在这一时期成了世界新秀。美好的生活终于延伸到熟练工人以及艺术、文化和娱乐界的每个人。第四个周期于 1908 年拉开序幕，亨利·福特的 T 型车推出，由汽车、石油、高速公路网络和大规模电气化推动，并受到郊区化、大规模消费和冷战的影响，让所谓的先进西方国家福利大幅提升，工厂的蓝领工人终于享受了战后黄金时代的福祉。

聚焦于科技产业的学者卡洛塔·佩雷斯则提出了科技周期理论，这个理论认为科技创新为社会带来实际收益需经历两大周期和四个小阶段。两大周期分别是导入期和展开期。同时，科技周期理论指出，科技创新的影响力并非一蹴而就，而是经过多个阶段逐步显现。每一轮科技革命都会经历以下四个阶段：第一是导入期，新技术诞生并开始在某些行业应用，带来初步的经济效益。第二是泡沫期，市场对新技术的预期过高，导致投资过热和泡沫破裂。第三是低谷期，泡沫破裂后，市场回归理性，新技术的应用逐步深入。第四是展开期，新技术广泛普及，带来全面的经济和社会变革。

更广为人知的则是咨询公司高德纳提出的技术成熟度曲线①，该曲线指出，产业迭代的基本规律是，一个新技术的出现会先后经历萌芽、快速膨胀、泡沫破灭，然后重整复苏，最后走向成熟的过程。每一项重要技术的到来，都要在这条曲线上经历两次爬坡。

无论何种曲线，都共同揭示出，技术发展不是线性的，而是偏态的、曲折的。可以说，偏态曲线是技术发展曲线和企业认知曲线的叠加，它一方面揭示了新技术发展的基本规律，另一方面也为企业应对技术变革、把握发展机遇提供了参考。

如何摆脱"诺基亚"与荷兰病的陷阱

在科技经济时代，成功的企业与伟大的时代联动。

一方面，它提供了企业乘风而起、"弯道超车"的成长机遇。由于计算机

---

① 1995年开始，高德纳咨询公司依据其专业分析预测与推论各种新科技的成熟演变速度及要达到成熟所需的时间，分成五个阶段：科技诞生的促动期、过高期望的峰值、泡沫化的底谷期、稳步爬升的光明期、实质生产的高峰期。

技术从硬件到软件的切换，PC 时代先脱颖而出的是英特尔、IBM、思科；在人工智能时代，专攻算力密度和效率的英伟达迎来"弯道超车"，还有台积电、三星等芯片代加工企业后来居上。手机领域，传音手机专注于新兴非洲市场，成为全球智能手机市场另类崛起的典范。在汽车领域，比亚迪一经切换到新能源赛道柳暗花明，在新旧能源切换中释放了万亿市场。

　　另一方面，它也埋下了企业跌落神坛的陷阱。随着科技经济到来，移动社区社交、共享经济、AR/VR、元宇宙等新概念、新技术随着信息飞速膨胀也层出不穷。这不仅大大增加企业一步踏空的风险，更吹起了巨大的泡沫挑战着企业的战略定力。贾跃亭的野心过于超前，在金融贪婪、资本意志的驱动下，他一度动摇了做实事的本心与坚守。2014 年，贾跃亭便在 PPT 中强调 FF 将重新定义智能移动生态的未来，采用精心制作的商业计划书和高额回报的承诺来吸引投资者。然而，就当时中国的市场基础而言，电池电极技术、新能源基础设施近乎空白，想要在这样的情况下"平地起高楼"异常艰难。可见，在科技经济时代，企业前所未有地需要应势而谋、因势而动、顺势而为、乘势而上。

　　相对应地，一旦科技变革降临，未能适时调整战略的企业则会落入窠臼，留下与时代"失之交臂"的遗憾。一些企业纵然能在短期内逞行业赢家之快，却难以避免成为时代的输家。大多数半道熄火的企业往往会忽视，真正的风口是大势，上及国家战略，下及产业、行业的波动与博弈。

　　就产业、行业而言，故步自封的终局是难逃"诺基亚时刻"。诺基亚属于试图创新自保而"跌落神坛"的典型案例。庞大规模的背后也暗藏陷阱，不断稀释其核心竞争力。诺基亚未能及时适应智能手机的革命，而是执意要开发塞班系统，最终成为科技发展史上的一段边缘注脚。诺基亚在 2000—2010 年的研发经费投入高达 400 亿美元，远超过苹果和三星，但它片面押注硬件、忽视软件的战略布局，反而让它错过时势。又如 1999 年，时任柯达 CEO 乔治·费舍尔表示，柯达认为数码摄影是"恶魔"，对其避之不及。殊不知，以化学为根基的胶片、相纸行业遭到数码相机的无情淘汰。

对于国家也是如此，因路径依赖而导致产业畸形膨胀，也将与时势"背道而驰"而陷入荷兰病——先天禀赋既是资源优势，在偏态发展模式下也会转化为一种导致产业失衡、经济衰退的困境。荷兰病往往出现在依赖单一资源，造成产业偏态的国家。如昔日荷兰，依赖海外贸易与殖民获利，却未察觉工业革命的浪潮，当新时代到来才发现自身困于传统贸易的牢笼。又如中东石油"大户"，沉醉于能源出口带来的短期繁荣，却未播下多元产业的种子，放任独大的石油能源产业吞噬了其他产业。当全球能源市场开始转向可再生能源时，这些国家不得不从外界吸收先进技术。

"时势造英雄，英雄亦适时"，企业能否在百年变局中抓住"时代拐点"，将更多地关乎对时势的判断与把握。从一个大周期的谷底到另一个大周期的波峰，任何新的技术路线、产业路线都会应时而动，故而以趋势引导"进与退"，尤其是对当下政治局势与经济局势的冷静判断，将成为企业与时代同频共振的法门。

跨越技术偏态曲线的三大陷阱

带领英特尔走向巅峰的格鲁夫，曾在其著作《只有偏执狂才能生存》中指出：能够识别风向、避免沉船，对于一个企业的未来至关重要。但他之后的英特尔，却一次次地错过了未来的"风向"。这也说明，从现实来看，企业要跨越技术偏态曲线谈何容易。

第一，领跑者往往会陷入过往成功的惯性思维，错过变革良机，这是"领跑者悖论"。巴菲特曾经在致股东信中讲过一个有趣的故事——一位信仰天主教的裁缝省吃俭用了好几年，好不容易存了一笔钱到梵蒂冈朝圣。当他回来后，教友们纷纷发问，教宗到底是个怎么样的人？只见这位裁缝淡淡地说："四十四腰，中等身材。"大多数企业，尤其是成功企业，会存在认知惯性，依赖经验去解释时代的变化，最终导致认知偏差，出现误判。更何况，对领跑企业来说，沿着现有轨道的"延续性创新"拥有可预期的市场回报，但颠覆性质的"破坏性创新"却缺乏现成的市场需求，出于成本核算和市场份额的考虑，在成熟企业中后者往往被认为"不值得投资"，企业内部资源理所当然地流向延续性创新，以致在原有模式上"一条道走到黑"。

第二，当新技术"小荷才露尖尖角"，诸多一窝蜂进入的先行者虽能抢占先机，但也容易成为炮灰，即"先发者悖论"。正如早在 2014 年，贾跃亭就入局汽车，成立 FF，畅想 FF 将重新定义智能移动生态的未来。然而，他入场太早，当时不仅产业链不成熟、电池电极技术不成熟，基础设施更是空白，即使苟延残喘至今，也只能陷入只卖 10 余辆车的尴尬局面。无独有偶，2024年 2 月，有着"自动驾驶第一股"之称的图森未来从美国纳斯达克退市。图森未来成立于 2015 年，专注于研发大型货运卡车高阶自动驾驶系统。2017年，该公司在美国加州拿到路测牌照，完成长距离路测，成为行业领先者。然而，自动驾驶从来不只是技术的事，还取决于人、路、网等各方面的基础生态。从登陆纳斯达克的风光无限到接连受挫败退，图森未来的遭遇折射出，比起什么"先发优势"，技术新兴产业打头阵的人更像是第一波敢于吃毒螃蟹的人，会被历史记住，但注定死伤惨重。

第三，至于那些高研发投入且有所突破的企业，又常常在市场应用上折戟，难以跨越研发与应用之间的鸿沟，这是"研发与应用的悖论"。IBM 就是典型案例，越是前沿、越是不接地气的研究方向，IBM 的存在感往往就越强。早在 2006 年，IBM 就启动了沃森超级电脑项目，目标是在自然语义下实现复杂的人机问答。2011 年，IBM Watson 取得了一个万众瞩目的开局：在美国电视智力竞赛节目中击败了两位人类冠军。雄心勃勃的 IBM 决定利用

Watson 改造整个西方世界最复杂的行业——医疗，而且一上来就聚焦于难度最高的癌症诊疗。2013 年，包括德克萨斯大学 MD Anderson 癌症中心在内的三家大型医疗机构与 Watson 签约合作；2015 年，Watson Health 正式成为 IBM 旗下的一个独立部门。然而，IBM Watson 此后的历史，给"技术泡沫"这个词做出了最佳注脚。从 2018 年开始，每年都有大批医疗机构与 Watson 解约；2021 年，IBM 终于决定出售 Watson Health 的大部分资产。

化解技术波动离散度的四大象限

技术从发明到广泛应用、充分释放出红利，本就是一个曲折的过程。蒸汽机早在 1606 年就已诞生于西班牙，但直到百年后的 1712 年，第一种进入实际应用阶段的蒸汽机——纽可门蒸汽机才出现。又过了大半个世纪，瓦特蒸汽机在纽可门蒸汽机的基础上提升了效率与易用性，才正式开启了机械化革命。而后，又花了近百年时间，蒸汽机才被充分应用到各行各业，并演化为基础设施，支撑上层创新。例如，直到 1850 年前后，蒸汽船占船舶总吨位的比例才达到 20%，1920 年左右才超过 90%。

如今，虽然技术迭代速度不断加快，但同样不是一日之功。例如，看似横空出世的 ChatGPT，其实是深度学习、Transformer 等多种技术长期积累、叠加在一起形成质变的产物，其应用落地更难以一蹴而就。而大多数企业往往只看到了高峰的绽放，却忽视了谷底的泥泞。就此而言，穿越技术偏态曲线并不意味着企业要持续实现爆炸式增长，而是如何顺应曲线，尽可能地化解技术周期波动的离散度。

首先，基于战略应变能力，在不同阶段实施针对性布局。例如，在技术萌芽期，前瞻者才能抓住未来机遇。起初，英伟达专注于图形加速技术，主要服务于电脑游戏玩家。然而随着人工智能技术的飞速发展，英伟达迅速把握住机遇，转型成为人工智能芯片领域的领军企业。在泡沫破灭后的重整复苏期，企业则需要以深耕去不断积累核心能力。企业既可以围绕技术深耕，不断打磨和迭代，提升它们的性能、效能、可靠性等；也可以围绕用户场景深耕，通过识别用户使用习惯，特别是现存"痛点"来寻找开发的灵感。比如，华为无线通信部门成功打开欧洲市场的关键，就是创造性地推出了分布式基站及 SingleRAN 技术。

其次，积极地撬动企业内外部的要素，不求"为我所有"，但求"为我所用"。从信息技术，到互联网技术，再到 AI 技术，技术发展史也是企业间生态越来越开放的一个过程。比如，百度通过开放其深度学习平台飞桨，撬动产业链上下游共同发力，加速 AI 生态构建。企业通过要素的重新组合，打造一个共生、互生、再生的"微生态"，这是保证企业能够积极拥抱技术应用的一个前提。

再次，在仰望"北极星"的同时，别忘了修建脚下的"护栏"。企业都希望寻求到科学的范式来配置有限的资源，因此诞生了很多数字决策依据，而其中最核心的被称为"北极星指标"①。其重要性毋庸置疑，例如，在多数电商平台以 GMV 为核心开展业务时，后进生拼多多依靠促成订单量作为核心指标开展业务，依靠供给改革硬生生地在看似固化的电商市场撕开了裂口。但容易被人忽视的是，拼多多也有很多"护栏指标"。在追求订单量最大化的同时，也可以为一些关键的服务型指标让路，比如为了用户体验放弃部分增长。黑夜中，北极星是通往目的地的方向，但只有护栏围住的道路，才不会让人掉进坑里。

最后，若要做到以上"内外兼修"，企业也面临着从组织架构到界面关系

---

①　北极星指标，又称唯一关键指标，是指在产品当前阶段与业务战略相关的绝对核心指标。北极星指标之所以用北极星来命名，是因为它确立后就如同北极星般指引全公司上上下下朝着这一个方向迈进。

的升级改造，用弹性组织摆脱惯性沉疴。传统的"抓部门"思维需让位于"抓功能"，构建扁平高效的创新团队，同时积极链接外部创新网络。这就像华为公司，一方面在内部实施全员持股和项目制，激发员工创新动能；另一方面坚持开放创新，广泛吸纳外部力量参与研发。唯有如此，企业才能快速适应技术迭代节奏，降低转型阻力。

专栏 17-1：谁成就了英伟达

说到技术曲线，诚如巴菲特所言："只有当潮水退去时，你才会知道谁一直在裸泳。"任何技术在经历泡沫破裂之后，都会迎来事业与投机"大浪淘沙"的检验。

英伟达就身兼事业与投机叠加的双重属性。

一方面，无论是黄仁勋本人还是英伟达，都具有明显的事业属性。基于技术前景＋市场趋势的有机结合发现市场前沿领域。发明 GPU 概念，就是因为当时 3D 游戏市场已经被打开，英伟达认为图形加速计算的发展潜力很大，所以应该重新定义负责图形计算的芯片组。此外，英伟达也率先发觉 GPU 在通用计算领域的潜力，提前把业务从图形运算扩展到大规模并行计算的领域，最终乘上区块链、元宇宙、AI 等一轮轮"发展快车"。而且黄仁勋"三次失败"背后体现出其当机立断的企业家精神。第一次是创业初期选错了 3D 技术路线，与世嘉签署的合同无法履行，最终却促成世嘉协助其渡过难关。第二次是在 5 年里花了 5.6 亿美元搭建 CUDA 平台，顶住投资人的压力坚持开发，最终取得成功。第三次是进军智能手机端的芯片制造，然而当看到众多竞争者已经进入这个领域，而自身优势并不明显，便毅然决定放弃业务。

但在另一方面，二者又展现出明显的投机属性。常常主动抢占投资风口，符合投机资本寻找概念与话题的本能。2017 年加密货币浪潮中，英伟达就看到了与挖矿相关的需求迎来了爆炸式增长，立刻推出了挖矿专用 CMP 挖矿卡。而随着元宇宙爆火，英伟达又果断推出用于构建和运行工业元宇宙应用的 Omniverse Cloud 服务。而且黄仁勋自带"大佬"人设，浑身上下充满名人大咖魅力，也是投机炒作的高手。2021 年 4 月的一场直播演讲中，黄仁勋在众目睽睽下用以假乱真的虚拟形象做替身骗过所有观众，一通操作让英伟达立刻登上各大媒体头版头条。此外，黄仁勋还"风投"了 Inflection AI、Cohere、Runway 等多家 AI 企业，在此轮 AI 热潮中赚得"盆满钵满"。

追根究底，英伟达仍属"被动型的投机"，与 AI 横空出世与炒作互相成就。

其一，AIGC 选择了 GPU，才让英伟达"撞上大运"。当年英伟达发明 GPU 只是为了代替 CPU 进行图像运算，孰料伴随着 ChatGPT 的横空出世，竟给 GPU 打开了全新的应用空间。AI 进行深度学习的训练过程是对每个输入值据神经网络每层的函数和参数进行分层运算，最终得到一个输出值，跟图形渲染一样都需要大量的矩阵运算——这恰巧就是 GPU 最擅长的东西。同时，还因为英伟达一度在 GPU 市场占据 90% 的份额，使其在一众厂商中脱颖而出，从一家图形技术公司一跃成为 AI 硬件公司，几乎吃到全部 AI 红利。

其二，当前 AI 概念炒作、价值高估类似互联网泡沫，热潮带飞英伟达万亿市值。1990 年代互联网泡沫具有三大特征：估值过高，投机狂热，媒体推波助澜。回看当前的 AI 浪潮，首先，随着 AI 一路走高，英伟达、微软、谷歌等概念股股指一路走高，这已将标准普尔 500 指数的市盈率拖至近 25 倍。其次，金融机构、散户等投资者涌入赛道，纷纷做多大型科技股；AI 概念成为美股最拥挤的交易，各类资产早已接近超买。最后，媒体依然连篇累牍报道,甚至宣称"AI 的 iPhone 时刻来临"。2022 年 6 月,英伟达市值还不过 3 918 亿美元,而在多重炒作叠加之下,不到一年时间就让英伟达市值翻了一倍还多。

其三,英伟达本身只是硬件公司,但 AI 仍处于早期,使其享受到平台公司"待遇"。当前 AI 浪潮仍处于早期,尚未出现能够通吃平台的超级选手,这就使得英伟达目前能够坐稳 AI 概念的龙头宝座。"估值教父"达摩达兰就表示,其他万亿市值的公司是利用软件,在新产品和服务中获得更多利润。而英伟达本质上只是一家硬件公司,往往面临着天然的限制;因此,英伟达市值的暴涨其实只是"运气好而已"。未来,随着 AI 行业逐渐成熟,热钱也可能从硬件供应商流向软件服务商。

第十八章　产业竞争是生态系统竞争

以往的产业演化以线性发展为主，且行业界限泾渭分明，此背景下的产业变局往往由成本、技术、政策等较为单一的要素驱动。如今，伴随科技革命日新月异、产业发展规律走向跨界融合、经济形态从工业经济加快向科技经济转变等因素影响，产业生态成为主导产业变局的决定性因素，而构建良好的产业生态，不仅要识别并补足产业发展的关键短板，更要让技术、基础设施、原材料、人才供给等要素形成高水平的动态平衡。

产业政策为何失效

产业政策正在全球重磅回归。在美国、欧洲等主要经济体，政府都开始扮演更加积极的角色，以产业政策来推动特定产业的发展，包括清洁能源、空间技术、高科技制造业、芯片、通信等主导产业变局的关键领域。

例如，美国所制定的《通胀削减法案》，针对的是新能源相关的科技研发和投资，《芯片和科学法案》旨在促进美国主导的高科技研发和制造业。在欧洲，也有相应的欧盟《芯片法案》、"地平线 2020"计划、《欧洲绿色协议》、

"欧洲电池联盟"等。国际货币基金组织的一项研究指出，2023 年各国政府出台了超过 2 500 项产业政策，数量大约是 2019 年的三倍。其中，大部分产业政策是由发达国家推出，而补贴则是最常用的手段。

纵观全球产业演化史，从来不乏规划的影子，可见规划在产业发展中的重要性、必要性，只是规划在不同阶段、不同行业发挥的作用不同。

从产业演化的不同阶段来看，在产业形成期，新技术和新产品都尚未成熟，适度的产业规划通常能引领新兴产业、前沿技术的发展。第二次世界大战后，汽车制造业成为一个全球竞争性的产业，美欧作为世界汽车生产中心开始向海外扩张。为了保护本国汽车工业，日本政府先后对汽车产业重点布局、采取"贸易立国"战略，对进口汽车设置高关税壁垒，严禁海外资本直接投资日本汽车工业等。在规划的强力支持下，日本汽车产业得以较快形成制造体系。进入领先阶段，1973 年日本汽车产业政策开始放松，将大量利润投入汽车技术研发，通过市场促进创新，并不断改善产品卖点。日本车企还与零部件企业、大学、行业组织共同组成的多元化技术创新体系，也成为全面推动综合竞争力的重要组成部分。

从不同行业的特点来看，针对一些如军工、芯片、人工智能、高铁等事关国计民生、国家安全、国际竞争的产业，国家规划的权重往往更高。中国高铁产业的成功得益于国家战略的系统性规划。21 世纪初，中国交通运输市场需求集中爆发，高铁成为产业规划的重中之重。国务院通过《中长期铁路网规划》建设"四横四纵"，同时确立"市场换技术"的思路，与加拿大庞巴迪、日本川崎重工、德国西门子和法国阿尔斯通四家国际高铁巨头合作，快速掌握了高铁产业的尖端技术，实现了高铁的自主研发。而像医药、消费、制造等市场竞争整体激烈、行业集中度较低的产业，通过市场化运作往往更能激发市场主体活力，充分利用市场创新和资本推动产业做大做强。

然而，现实却是，单纯靠政策主导产业变局的传统路径越来越难以奏效。

以美国钢铁行业为例，美国保护钢铁行业主要采取的政策工具包括：一是通过征收反补贴税和反倾销税来抵消外国补贴；二是间歇性设置特别保护制度。但结果却不尽如人意：一是钢铁行业的国际竞争力并未得到提高。2019 年高价值钢铁出口占国内产量的 8%，与 1970 年水平相当。二是保护就业成本巨大。彼得森国际经济研究所的分析发现，特朗普钢铁关税"挽救"的每个工作岗位让消费者和企业损失 90 多万美元。三是钢铁行业技术也未明显提高。当美国政府打造出一座封闭花园，企业发展自然也依赖政府支持，而非创新来维持生存，必将进一步落后于国际竞争对手。

"产业政策几乎与产业本身同样古老。"过去一段时间，产业政策堪称塑造未来的炼金术，亦是决定产业变局的有力推手。日本在二战后以"行政指导"，加上贷款、赠款、补贴和其他金融工具来促进制造业的增长。中国在 1986 年启动了"863 计划"以推动技术现代化。韩国、新加坡和中国台湾地区也都实施了各种计划来刺激现代化进程和经济发展。

如今产业政策之所以失效，固然是产业政策普遍化、同质化、滥用化所致，更为关键的是，产业演化规律已今非昔比。回顾过去，以往的产业演化以线性发展为主，且行业界限泾渭分明，此背景下的产业变局往往由成本、技术、政策等较为单一的要素驱动。

例如，中国作为后发国家，其产业的学习成本、创新成本实际上大部分由发达国家所承担，中国凭借强大的产业组织动员能力以及经济调控掌控能力，自上而下，加速工业化进程。又如，日本依赖技术上"一条道走到黑"的工匠精神也能在单一领域引领世界。日本半导体产业有一个很明显的特征：不仅肉要自己吃，汤也不能给外人喝。20 世纪 80 年代日本半导体如日中天时，日本公司不仅自己设计芯片，自己制造芯片，就连芯片的原料硅片，造芯片的设备光刻机，甚至是生产硅片的坩埚，都必须是血统纯正的 Made in Japan。

如今，伴随科技革命日新月异、产业发展规律走向跨界融合、经济形态从工业经济加快向科技经济转变等因素影响，"大破大立"的变革性逐步彰显，产业发展的不确定性越来越大。技术、政策等驱动力量固然重要，但从产业演进规律看，无论是传统产业的转型升级还是未来产业的培育发展都取决于产业综合能力的提升，即产业生态的塑造。

产业发展的土壤、空气、水、阳光

咨询公司高德纳（Gartner）有这样一个预测，生态系统将成为主导的竞争实体。到 2026 年，超过 50% 的大型组织将作为协作数字生态系统而不是分散的公司展开竞争共享投入、资产和创新。

其一，在这个生态系统中，政策虽已不是绝对的主导力量，但政策体系的一致性与社会稳定性仍是产业生态的土壤，为产业演化提供底层支持。稳定的政策体系为企业提供了长期规划的基础，社会的政治和经济稳定性则为企业运营提供了安全的环境。反之，则只会让企业"用脚投票"。被称为"外资坟场"的印度即为典型，英国《金融时报》曾有文章直言不讳地指出，"回顾外资企业在印度的发展历史，不夸张地说，确实是一部血泪史"。根据印度政府部门的数据，2014—2021 年，共有 2 783 家跨国公司关闭了在印度的子公司或办事处，每年在印度注册的跨国公司数量从 2014 财年的 216 家下降到了 2021 财年的 63 家。包括麦德龙、美国福特和通用汽车、德国大众等诸多跨国企业最终选择退出印度市场。

其二，开放的市场和良好的营商环境相当于产业生态的空气。以新加坡为例，其通过简化行政流程、提供税收优惠和保障法治，为企业提供了一个高效、透明和可预测的营商环境，吸引了大量跨国公司设立区域总部和研发中心。尤其是其相对完善的法律体系，成为新加坡塑造营商环境的重要一环。

一是规定详细。新加坡法律以"细致入微"著称，对很多商业细节都有明文规定，便于法律的监管和履行。二是具备政策连续性。新加坡优惠政策均有对应的法律渊源和明确的生效起止时间（评估退出机制），以防止朝令夕改。三是实时更新。新加坡法令和附属法例会根据发展需要和实际情况实时修订更新，并通过"新加坡法律观察"网站等渠道实时公布。

其三，完善的产业链、供应链以及相应的基础设施是产业生态的核心，犹如灌溉之水。它们确保了原材料、生产、物流和销售各环节的紧密衔接，不仅能降低生产成本，还能提高企业的抗风险能力。印度、越南等东南亚国家之所以难以成为下一个"世界工厂"，背后便是产业链、供应链等要素的缺失。东南亚产业基础薄弱，尽管人力成本相对低廉，但是生产效率却不尽如人意。根据长江经济研究院的测算，按可比口径越南和柬埔寨劳动生产率分别只有中国的80%和60%，这就使得中高端制造业仍需向中国布局。东南亚薄弱的产业链使得企业生产往往受限于找不到上游原材料供应，最终依然只能依赖进口，产业链安全也难以保证。加之，东南亚国家在基础设施上普遍存在"欠账"，隔三差五停电停水，物流还出不去，哪家企业顶得住？种种限制使得企业承担大量隐性成本，国家产业格局亦无力往高端跃迁。

其四，人才、资本则是推动技术创新的"阳光"，激发产业迭代的光合作用。ChatGPT的孕育过程，就是典型的美国科技创新体系的体现。OpenAI创立之初，除了萨姆·奥尔特曼，埃隆·马斯克也是OpenAI首届联合主席，并为其筹得了10亿美元的起步资金，其创始发起人中不乏马斯克这类自己创业后实现财务自由，又重新以天使投资人或者创业合伙人身份帮助初创科技企业成长的业内人士。微软则于2019年、2022年、2023年多次投资OpenAI，双方一直保持着实质上的合作伙伴关系，微软也把OpenAI的AI技术深度融合到包括Windows、Office、Bing，以及AI助手Microsoft Copilot等众多产品中。OpenAI的案例不是孤例，美国科技创新体系中，人才、资本、研究院所等参与方各司其职，有机互动和链接，已经形成了很好的正循环和各自流程，并且每个部分都从科技创业企业成长中受益，然后再以各自不同的方式反哺这个体系。

产业生态的动态平衡法则

产业生态是国家、地区、企业在产业发展中软硬实力的综合体现，成为主导产业变局的决定性因素。而构建良好的产业生态，不仅需要识别并补足产业发展的关键短板，瞄准产业发展中的"断档"和"空白处"，缺什么补什么。

更重要的是，生态系统的良性循环取决于技术、基础设施、原材料、人才供给等要素是否形成高水平的动态平衡。

以德国为例，完善的政策标准与高水平的社会环境反而为产业链运转增加了堵点与卡点。一是德国的环保标准较高，尤其是在碳排放方面，德国的碳排放交易价格为每吨 60 欧元，高于欧盟平均水平的 25 欧元。高昂的碳排放成本，增加了德国企业的环境压力和合规风险。二是德国的社会责任要求较高，尤其是在供应链方面，德国于 2022 年通过了《供应链企业尽职调查法案》，这一法案的实施，使得德国企业需要付出更多的时间、精力和资金，来保证其供应链的合规性和透明度。越来越多的德国企业通过外迁，来避免或减少这些监管要求的影响，提高其运营效率和灵活性。咨询公司德勤和德国工业联合会联合调查显示，三分之二的受访德国企业已经将其部分增值业务转移至国外，在机械制造和汽车制造领域，这一比例更是高达 65%。

总之，产业生态不单是物理层面的产业聚集，更意味着要把产业要素有机融合起来，产生"生物化学反应"。例如，在硅谷生态系统中，有一个小、中、大企业自下而上形成的宝塔式架构，两个有所为的政府（即州政府和地方政府），三个交织在一起的网络（即风投、技术、社交网络），四个运行规则及文化（即尊重市场、鼓励创业、容忍失败、快速整合），先后诞生了惠普、苹果、思科等高科技巨头，并向硅谷之外延伸，成为构建美国的创业生态系统的重要节点。

届时，置于其中的各种要素更多地是凭借自身的强大磁场来彼此吸引，大、中、小企业并存，自我构建"朋友圈"。一方面，以大企业为主导构建产业联盟网络，如韩国三星和 SK 海力士等大型企业在技术研发、市场拓展和供应链管理上发挥引领作用，通过与中小企业的合作，这些大企业推动了整个产业的协同发展。另一方面，建立既"分"又"合"的生态链接。产业将以"模块"为基础，依据动态的市场需求灵活"拼搭"创造不同的功能，既在内部域内形成自我产业生态；又向外延伸，相互裂变，参与自我半径以外的外部领域，形成新的产业生态，最终形成立体空间内的多维结构，催生新产业、新模式、新业态。

中国式产业生态：国内、国际双"整合"

从国内到国际，中国正进行前所未有的产业大整合与重构。

在国内，一方面，产业并购重组渐成主流。根据 Wind 数据显示，截至2024 年 6 月 14 日，已经有 130 家 A 股上市公司更新披露重大重组事件公告，远超 2023 年同期的 49 家，大幅增长约 165%，其中，多为聚焦主业和以产业合作为目的的重大重组，包括横向整合、垂直整合、战略合作等，合计占比超过五成。另一方面，聚焦科技创新，发力前沿颠覆性产业。这样不仅聚焦未来制造、芯片、算力、未来空间等六大未来产业，还实施人形机器人、脑机接口、量子科技、原子级制造、深海空天开发等一批科研攻关项目，更有国企改革提升行动"棋至中局"，大力培育耐心资本、积极拥抱新质生产力发展。

在国际上，一方面，从稳外资到引外资，进一步深化改革开放。2024年上半年，中央8次召开高级别会议研究外资工作，提出要"巩固外贸外资基本盘""加大力度吸引和利用外资""扩大高水平对外开放"等。外资准入的负面清单不断缩减，如全面取消制造业外资准入限制；各地政府出海招商，重点鼓励外商投资高技术行业、先进服务业等。另一方面，中国企业出海"链"达全球，开启大航海时代。《2024年中国企业出海品牌营销策略分析》报告显示，2023年，超过3 500家A股上市公司开展了海外业务，占比超过66%，创下历史新高。同时，出海企业专注差异化落地策略，例如，吉利收购沃尔沃、伦敦电动汽车以及宝腾的部分股份，又与梅赛德斯-奔驰合资打造smart，通过在海外建立生产基地、研发中心或运营机构，深入参与到当地市场的发展之中。

其实不只中国，全球各国都在忙着进行产业整合与产业链的重构。追根究底在于：变局时代，全球迎来从发达国家转向新兴经济体的"世界力量之变"，以至地缘政治与市场逻辑激烈碰撞。于是，美国抛出"吃亏论"，认为"接触"是问题根源所在，中国受益最多，因而要关上其敞开的大门。由此，在去全球化盛行的背景下，全球产业链重构模式正从"水平"转向"垂直"。它不仅强调供应链"安全"大于"效率"，还呈现"本土化""近端化/区域化"等特征。

这种产业链已在多个领域显现成效。半导体产业是最典型的案例——美国通过"芯片法案"大力推动本土芯片制造，同时联合盟友构建"芯片联盟"，试图重塑全球半导体供应链格局；欧盟推出"欧洲芯片法案"，计划投入430亿欧元支持芯片产业发展，目标是到2030年将欧盟在全球芯片市场的份额提升至20%；日本重启半导体产业振兴计划，韩国推出"K-半导体战略"。在新能源领域，美国通过"通胀削减法案"提供巨额补贴吸引清洁能源产业回流；欧盟制定"欧洲绿色协议"，力图在绿色转型中保持产业竞争力。这些举措都表明，产业链安全已成为各国战略竞争的核心关切。

与此同时，企业层面的应对也在加速进行。苹果、谷歌等科技巨头开始推动供应链多元化，将部分产能从中国转移至印度、越南等国家；特斯拉、福特等汽车制造商加速构建本土化电池供应链；通用电气、西门子等工业巨头重新评估全球供应网络，增加关键零部件的本地采购比例。这些企业行为反映了产业格局重构的现实压力，也凸显了全球价值链治理面临的新挑战。

未来，科技经济时代需要"全球一盘棋"，全力打造具有全球影响力、开放创新合作的产业生态。各国既要利用好机遇乘势而上，引导社会资源向关键节点流动，又要避免经贸问题政治化，规避国家竞争风险；既要科技创新，掌握关键核心技术，避免受制于人，又要在全球展开合作交流；既要筑牢国际竞争优势，增强话语权和治理能力，又要增强产业韧性，为系统性突发事件做预埋等。这极其考验勾兑融合的能力。就中美竞争而言，谁能率先打造全球全产业链协同能力、全球资源整合能力和全流程管控能力，谁就将占领先机。

综上，伴随全球产业链的并购与重组，未来大概率将形成两个相互竞合且由中美分别领头的产业生态。过去线性、善巧方便的传统路径已然行不通，中国不得不进行产业求变与调整。未来，为实现融合勾兑，中国式产业整合还将呈现出以下趋势。

一是突破以往垂直分工的产业转移，转向以垂直和水平复合型分工为主的复式化产业链体系。就产业而言，低端产业将以横向转移为主、纵向转移为辅。高端制造业仍将以纵向转移为主、横向转移为辅。此外，由于行业的特殊性，汽车、光伏、化工等行业将纵横转移并重。就地区转移而言，还将发展中国家和发达国家两手抓，越南、匈牙利等"连接器"国家将成为中国企业绕过制裁，向美西国家市场渗透的重要路径。

二是大政府＋大市场的叠加协同与谋篇布局。即在"国家顶层设计＋地方弹性布局＋企业组团布局"叠加协同下，建生态，破壁垒。这不仅意味着企业生态融合，组团出海，在聚集效应中减轻"去风险"；还包含从国家宏观着眼，一方面建立国内统一大市场，通过搭建矩阵式基金、全国算力一体化等平台，撬动产业链供应链的升级和优化，另一方面主动出击，通过在海外设立产业园区等形式，弹性化布局。

专栏 18-1：规划与市场的界面面临重塑

第一，未来科技迭代速度快，市场能及时补位，激发产业的竞争力和创新性。未来产业的发展趋势是不确定的，规划的滞后反而可能导致巨大的资金、土地等资源浪费。2024 年元宇宙行业不断传来大幅裁员、产品下线、投资锐减等负面消息，原因在于关键技术迟迟未发生革命性突破。据不完全统计，2024 年下半年国内已有 13 个城市计划成立元宇宙专项基金，总规模将近 900 亿元。由此来看，这些城市或将面临漫长的投资回报周期。因此，未来产业的形成与发展不仅需要前期规划，还需要源源不断的市场创新，利用产业研究、企业家管理和市场竞争激发产业活力。

第二，国民禀赋持续迭代，针对前期规划的盲区，市场能发挥调节产业、自动平衡的修复功能。改革开放后，以东莞为代表的沿海地区外资外贸企业扎堆，而今却不得不面临破产或迁出的窘境，原因是中国人口红利和税收优惠正在消失，低端制造的成本优势已然不复存在。随着经济发展和人均 GDP 的持续提高，目前中国最坚实的基础来源于超大规模的市场优势和内需潜力。也正是乘着政府集采、超级大市场的东风，2018 年开始中国的新能源汽车异军突起，越来越多消费者认可新能源汽车的技术革新。可见，规划并非一成不变，市场顺势筛选出具有创新性和竞争力的产业，激发产业活力。

第三，过剩产能最终还是需要市场自我出清，发挥市场在资源优化配置中的作用，而非通过政策规划限产。吸取上一轮强力去产能导致电力供应紧张的教训，也为了避免"一刀切"政策带来的就业挤压和产业补贴等社会矛盾，目前，在"去产能"问题上更多依靠市场化手段。例如，水泥产业正在通过实施差异化错峰生产"去产量"，光伏、动力电池、储能电池正在上演价格战和市场化优胜劣汰，让过剩产能在市场中实现自我出清，用市场化手段调配社会资源。

第十九章　以矩阵打造新金融模式

"科技创新—资本热潮（泡沫兴起与破灭）—产业兴起"的循环体系在时代变局之下有逐渐失衡的倾向。资本越来越渴望一夜暴富，产业变局却难以一蹴而就，要打通两者之间的演化路径，关键在于找到支点和杠杆。矩阵式的金融新模式不仅能够撬动科技创新，更将为产业发展提供"全生命周期"式服务。

解码金融杠杆与产业创新的共生关系

2023 年，英伟达、Meta、特斯拉、亚马逊、谷歌母公司 Alphabet、微软和苹果的股价分别上涨 239%、194%、102%、81%、59%、57% 和 48%，成为当之无愧的美股科技"七巨头"；在同一时期，标准普尔 500 指数则只整体上涨了 24%。而到了 2024 年 7 月底，这段轰轰烈烈的上涨似乎被画上了休止符。Wind 数据显示，截至美东时间 2024 年 8 月 7 日收盘，近 5 个交易日内，除 Meta 外，其余"六巨头"的股价均出现大跌。其中，特斯拉、英伟达、亚马逊累计下跌超过 12%，谷歌、苹果、微软累计下跌逾 4%。随后股价虽有所反弹，但这种剧烈波动和分化已搅得市场人心惶惶。震荡的理由可能是多样的，比如降息的预期、就业数据的发布等。但是不可否认的是，"牵扯"市场情绪的主线之一，还有一个巨大的分歧——美国头部科技公司的巨额 AI 投入，到底是押注产业变局的"未来投资"，还是海市蜃楼般的"金融泡沫"？

回顾历史，如果说科技创新是产业变迁的决定性力量，那么资本就是产业兴衰和产业换代的重要推手。当第一次工业革命跟随英国移民来到美国时，当时的核心技术——蒸汽机被运用在火车上，大大冲击了以运河航运为主的美国运输业，蒸汽火车的鸣笛第一次在美国大陆响起时，投资运河股票的资本马上转向了铁路公司。在资本市场的支持下，铁路网络开始在美国全境铺开。这一方面带来了巨额的钢材需求，另一方面也让美国各州联结成了一个完整的市场，巨大的规模效应开始在工业生产中展现。其后，类似的故事不断上演：第二次工业革命后，钢铁、铜、航空与汽车成为资本市场追捧的对象，当时，只要名字里含有航空二字的股票，都会被投资者疯狂买入；第二次世界大战后，航天、雷达、军事武器等多项科技取得了突破性的进展，电子工业技术开始成熟并外溢普及至民用领域，华尔街掀起了"电子狂潮"；1990 年代，万联网（WWW）和 Mosaic 浏览器的出现带来了互联网和 IT 科技热潮……

纵览近 300 年历史，每一次资本市场追逐的热点都是由技术进步带来的新产业机会——铁路、航空、网络和 IT 等莫不如是。而且每次技术浪潮都伴随着资产市场的泡沫。铁路股在 19 世纪 70 年代，因为过度投机造成了可能是历史上第一次的股市崩溃；汽车等工业股在后来遭遇了"大萧条"；网络和 IT 更不用说，千禧年的互联网泡沫至今仍被人们津津乐道。但是随着资本市场泡沫的成长和破裂，技术在进步，新产业出现，产业结构实现升级和跃迁。

透过历史与事实，我们可以梳理出科技、资本、产业之间的互动关系：

科技创新—资本热潮（泡沫兴起与破灭）—产业兴起。科技创新展示了人类未来的产业、财富机会，拉动资本涌入，形成泡沫效应，泡沫破灭，沉淀产业力量，产业兴起。可以说，资本的参与，让科技变现成为可能，从而给了科技前进突破的动力，也为科技产业化奠定了基础。

突破资本与实体经济的失衡困局

虽说资本吹出泡沫是必然，但时代变局的种种因素叠加之下，资本与科技、产业之间的循环体系有逐渐失衡的倾向。

第一，随着科技文明的曙光显现，社会、市场对技术变革的期待前所未有，对重大技术变革的渴望积累成了资本泡沫的巨大"势能"。近两年，随着 ChatGPT、Sora 的火速出圈，资本掀起了全球 AI 领域的投资热潮。有人梳理 2023 年至 2024 年第一季度的数据，全球 AI 独角兽企业数量增至 234 家。然而，这些 AI 企业花钱远比赚钱快，泡沫正肉眼可见地涌上来。红杉资本投资人就曾公开指出，当前 AI 赛道的各家公司为购买英伟达 GPU 就花费了超 500 亿美元，但同期产生的收入却仅有 30 亿美元左右。

第二，概念是无限的，实际的技术突破却有限，要就此撬动产业变革又谈何容易。往往越新锐的行业，商业模式越不成熟，市盈率、市净率等客观估值标尺趋于失效，而左右市场投资意愿的，很大程度上是主观、非理性的信心因素，即概念。但产业变革则需要杀手级应用，如 PC 时代的 Office、桌面互联网时代的搜索、移动互联网时代的手机支付。当下 AI 的应用逻辑仍尚未明晰。例如，ChatGPT 等领先 AI 应用虽取得初步成功，但用户留存率和参与度仍需提高。此外，AI 在实际应用中还需克服技术成熟度、成本效益、实用性和安全性等多方面的挑战。

第三，资本与科技、产业的关系异化为"露水夫妻"，一旦出现风险事件或失去了赚钱效应，资本就会"用脚投票"。科技具有高难度、高投入、长期性的独有特性，本就难逃"九死一生"的先天规律。对于科技创新，不管是半导体，还是人工智能等，都需要时间的积累。通过技术研发和产品迭代，少则五六年，多则十几年，过于急切的催化反而"适得其反"。即使是苹果、谷歌这样的科技巨头，失败项目也不胜枚举。例如，2010 年谷歌宣布推出超级宽带计划，然而对光纤成本的低估使这一计划在 6 年后付诸东流；又如，苹果历经十年的发展研究后，无人驾驶项目依然折戟沉沙。

科技投资的黄金法则

不单资本市场，人类整体都急切盼望着这样改天换地的技术革命。稍有风吹草动，"韭菜"们便踊跃加入，那资本市场当然"炒你没商量"。因此，哪怕科技没有突破，也并不妨碍有人创造"突破的概念"，资本市场向来善于给那些新奇的科技名词套上"重整世界经济"的光环。

在手法上，消息引导、"左右互搏"一抓就灵。新概念之所以能绕开散户心中的风险警报，凭借的是资本市场对舆情风向的摆弄。就超导事件来看，各路验证消息本身中性不假，资本市场也没那么大本事去干涉高校实验室的复验结果。但他们却能实实在在地影响媒体喉舌，决定哪种倾向的声音可以被大众听到。因此，当需要"韭菜"买入跟进的时候，着重报道利好消息，将超导捧上神坛；而到高位套现的时机，资本又会毫不留情地第一个做空，把自己亲手造出的"神"砸碎。就和国内最初的反病毒软件一样，总是左手杀毒软件、右手编写病毒，"左右互搏"屡试不爽。

在积极性上，A 股的炒作热情又高过境外成熟市场。从新能源到区块链，还有人造肉等，A 股市场对概念股动辄"全民跟风"。而在成熟市场中，热衷于此道的仅是少数，这与内外市场在风险定价机制、投资者结构的差异密切相关。一方面，在 A 股单边做多的交易机制下，股价上行是绝大多数投资者获利的唯一途径，导致炒作欲望更强、操作更容易。另一方面，以散户为主的投资者结构，也使 A 股在某种程度上成为"不割都对不起韭菜"的"沃土"。

前事不远，在比特币和以太坊之后，2023 年新出炉的 PEPE 币在半个月内翻了 27 万倍；数字房产"不秃花园小区"仅用 48 小时，就售罄了单价超 36 万元的 310 套"房产"，一小撮人看着账上真金白银不断流入，简直笑得合不拢嘴。至于虚拟货币自我标榜的"新的信用交换智能"与"打造平行空间"的元宇宙，仍旧只是个概念。足见天花乱坠的资本炒作确实能助人"一夜暴富"，但就科技而言，却难有一蹴而就。

理论上，重大科技突破往往需要从长期、大规模的扎实投入中来。现阶段，自然科学研究的主力是"国家队"，而非"民科（指那些游离于科学共同体之外而热衷于科学研究的人员）"，是由现代科研范式所框定：一是进入门槛高，足以将盈利导向型的民营机构挡在门外。仅高温超导感应加热设备的研发投入就高达十几亿元，还需长期追加试错成本，且回报难以预见。二是需跨学科合作，当今科研已高度细化分工，重大突破总牵涉到多个知识领域的协同合作，如中国科学院论文就怀疑，LK-99 的类超导性可能来自硫化亚铜——一种化工领域的常用材料，但却是一般材料物理学家的知识盲区。通常，也只有国家意志才能最大限度地整合多方学术资源，为跨领域合作提供强有力支持。至于资本炒作，不过是在买空卖空中一茬茬地收割"韭菜"，没有一分钱被花在科研上。

现实中，一种新技术从发现、合成到量产工业化，周期通常以 10 年计。任何发明至少走完四大环节：从理论突破到进行实验，再从优化样品到打磨商业应用场景。一款新材料的商业化周期更长，起码以 10 年计，其间至少经历 9 个环节：实验发现—实验室合成—配方优化迭代—公斤级以上的合成—

小规模商业试用—优化制备、生产流程—商业使用—工业化设备生产和工艺流程—普及使用。越新型、前沿的技术，其普及并产业化的周期就越长。碳纳米材料石墨烯就花了不下 30 年，从 1991 年首次合成 C60 富勒烯，到 2021 年合成多层石墨烯，个中曲折艰辛，可想而知。至于超导这般划时代技术，10 年内完成产业化已是相当乐观的预期。

然而，金融概念的炒作周期往往只有 1 年，常换常新。从 2017 年的比特币、区块链到 2018 年互联网中概股；从 2021 年的元宇宙到 2022 年的机器人，莫不如是。其原因在于金融资本热衷于短线收割，总需要更新的概念调动市场情绪。炒概念、割"韭菜"的本质是怂恿人们"激情投资"，讲究的是"鱼上钩了就拉竿"。

正是由金融与科技这 1 : 10 的周期差，导致金融炒作无休无止。科技概念因之旋起旋灭，"一夜暴富"的却只有极少数人。每轮资本概念炒作都成为一小撮人的"财富密码"，而绝大多数盲目跟进者则被泡沫裹挟到高空，然后"啪"地坠地摔死。新世纪以来的概念炒作无不贯彻这一铁律：从 2010 年火热的二维石墨烯材料，导致"烯王"东旭光电持续亏损、违约；到 2015 年"烧钱扩产能"的共享单车，令美团、哈啰和滴滴都在财报中隐晦该项业绩；再到 2017 年"疯涨"的比特币，动辄 80% 的跌幅令无数人倾家荡产；还有 2019 年至 2022 年的"半导体大跃进"，多地明星芯片项目终以烂尾收场；以及 2021 年扎克伯格用演讲开启的"元宇宙盛世"，到如今元宇宙地产渐成"虚拟烂尾楼"；2023 年上半场 AI 大模型的热度尚未消散，室温超导又在下半场冒了出来。

就此而言，"资本炒热科技"还将周期性重演，凡容易制造概念的领域都将卷入。一是得足够泛化，有充足的故事可讲。如智能制造就可附会到人工智能、工业互联网、云服务上去，潜在的商业应用场景越广越好，这样也易于找麦肯锡、罗兰贝格等咨询公司的海量报告背书。二是要有政策加持，这样既有群众基础，又有官方背书。譬如半导体、操作系统这些"卡脖子"领域，容易被金融、资本所异化。

中国资本投资的第三条道路

不可否认，变局时代，科技产业逐渐转为国家科技战略，注定表现为以国家为单位的综合性战略竞争，事业权重的阶段性抬升是大势所趋。但是科技创新过程又充满了高度不确定性（需要容纳 99.9% 的失败率、长期限、高风险等投资属性），更让科技与产业进入混沌的"无人区"，单靠政府难以精准识别前沿科技的发展趋势，让身在一线的企业、机构去探索可行性比政府更有效。

这也就命定了，中国资本投资不能走"非此即彼"的道路，终将在事业与投机的勾兑中，打造出复式化的资本投资生态：既让事业投资起决定性作用，从只重融资、圈钱到投融资并举、强调价值投资，进而真正脱胎换骨；又让投机回归其作为资源要素配置场所的正常位置，更好发挥其正面效用。

例如，正是在投机与事业型投资的共同作用下，技术成熟曲线得以演化——从科技诞生的萌芽期，到各种攒动因素使其达到过高峰值的期望膨胀期，事业、投机型投资交相共存，沉淀后达到泡沫化的低谷期，事业投资得以"大浪淘沙"，迈入稳步爬升的复苏期，最后迎来实质应用的成熟期。显然，用金融资本的杠杆撬动超级大国快速崛起，这是时代给予中国的历史性机遇。放眼全球，无论是往近了看，美国国运衰退、"金融安全岛"地位下降，中国成为世界经济安全岛、全球资本的避难所，还是往远了看，中国经济拥有搭建这一资本投资生态的底气，都表明中国的胜算最大。

综上，面对资本投资路线之争，迥异的应对路径，造就了中国的独特引领性。未来中国资本投资的第三条道路是走事业与投机的融合勾兑之路，"既要事业性，又要投机性"。

一是将在政府和市场的复式化作用下实现"合纵连横"。政府将重在"搭台子"，扮演事业投资引导者、组织者的角色，弥补市场失灵；由企业、社会等唱主角，发挥市场经济优化配置资源的事业性决策。

二是既将抓住"三岔口"的历史机缘，又将做好"护城河"的制度安排，最终实现价格发现、适度投机、避险高地三者的勾兑炼化。届时，不仅将组织复式化，即政府引导搭建产业引导基金平台，股权对社会全公开，银行、社会资金等入股，让被投企业走向台前，彼此之间形成真正的利益共享、风险共担。还将指标复式化，既注重管理规模、投资业绩等有形的"硬实力"指标，也注重价值创造、服务赋能、创新驱动、社会责任等无形的"软实力"。例如2022年S基金市场井喷，政府资金崛起成为一大买方，原因就在于S基金通过基金接力实现价值创造，让卖方、买方和基金所持项目都受益。

总之，中国将走向事业与投机投资复式融合的第三条道路，如此，既能实现金融为实体服务，又能守住不发生过度投机的底线。

激活产业变革的金融支点

16世纪初，随着航海技术的进步和新航路的开辟，远洋贸易开始蓬勃发展。然而，这种贸易形式存在巨大风险和高额成本，最初只有王室和少数贵族才能参与。这种局限性严重制约了贸易的规模和经济的发展，而公司制度的出现彻底改变了这一局面。

1602年，荷兰东印度公司成立，这是世界上第一家现代意义上的股份公司。这种新型组织形式创新了资本参与方式，如有限责任制大大降低了参与远洋贸易的门槛、股份可转让提高了资本的流动性。这些特征吸引了大量的社会资本，从而将远洋贸易从少数精英的专属活动转变为一个广泛的社会参与过程。荷兰东印度公司在成立时就吸引了近2 000名投资者,筹集了600多万荷兰盾的资本。

大量社会资本的加入为大规模的远洋贸易和殖民扩张提供了资金支持。荷兰东印度公司不仅开辟了新的贸易路线,更开启了一个全新的经济时代。以荷兰东印度公司为例,它在鼎盛时期拥有近150艘商船和4万名雇员,建立了遍布亚洲的贸易网络。

如今,撬动产业变局也需要一个类似的支点与杠杆,即建立矩阵式的金融新模式。

首先,打造多层次基金模式,长短搭配、纵横交错,不同类型的资本在产业发展的不同阶段发挥着独特的作用。例如,加强国有资本对各类资本的引导作用和"杠杆效应",持续激发关键核心技术和"卡脖子"领域的科创原动力;同时,随着科技与产业发展进入混沌的"无人区",单靠政府难以精准识别前沿科技的发展趋势,这就需要身在一线、嗅觉敏锐的企业、机构加入,扩大科技金融体系的整体规模与市场效率。

其次,让资金"抱团取暖",以1%的成功抵消99%的失败。一方面,来自社会各界的资本,虽然规模不大,但分布广、触达深,若以矩阵模式将各类社会资本组织起来,可以形成"蚂蚁雄兵"的能量。另一方面,科创"九死一生",但也"一本万利",一旦某一技术有所突破,就可以在市场中占领制高点和主动权,还能带来连锁反应,催化产业价值,获得超额利润。如此一来,靠着矩阵式基金建立起广泛的商业触角,一旦有个别项目成功,就可以填补其他项目的亏损。

进一步而言,以基金和投资作为纽带,矩阵式基金能够有效地推动整个产业形成一个高效协同的矩阵结构。

其一,多赛道押注与布局的策略允许基金在相关或互补的多个产业赛道上同时进行投资布局,从而在分散风险的同时捕捉产业链各环节的协同机会。

以新能源汽车产业为例，一个矩阵式基金可能同时在电池技术、充电设施、智能驾驶系统、轻量化材料等多个领域进行投资。这种多元化布局不仅降低了单一技术路线失败的风险，还能够通过不同技术和产品的结合创造出新的市场机会。正如特斯拉不仅生产电动汽车，还垂直整合了能源产业链：上游发电有太阳能屋顶、光伏逆变器；中游有储能三剑客（Powerwall、Powerpack、Megapack）；下游是新能源汽车以及自动驾驶、超级快充、车险等服务。

其二，通过建立一个信息、资源共享平台，投资组合内的企业可以共享技术、市场信息、人才、渠道等关键资源，从而加速创新，降低成本。例如，腾讯投资的众多企业，如拼多多、美团、京东等，都能够借助腾讯的社交网络和用户流量实现快速增长；同时，这些企业的成功又反过来增强了腾讯生态系统的整体价值。可以说，矩阵式基金将为产业发展提供"全生命周期"式服务。这样既能够通过多元化投资和资源共享，大大提高创新效率；又能让资金和其他关键资源更加高效地流向最具潜力的项目和企业，优化资源配置；还能以多元化布局和资源共享机制增强整个产业生态的抗风险能力；更能够让不同企业和技术之间的协同效应推动整个产业生态的形成和发展。

专栏 19-1：以新资本的创新变革引导新兴产业发展、撬动社会资本投入

创新变革的抓手和方式主要体现在：

其一，抓模式：打造多元化的新资本运作形式，服务国家战略，扩大有效投资。传统金融主要投资于制造产业，现金流稳定且回本相对较快，能够实现贷款本息的按时收回，而新资本往往青睐于科技产业，形成了产业引导基金、REITs、精品投行等创新的资本运作模式。上海科创基金锚定新一代信息技术、生物医药、先进制造、环保新能源四大行业方向，积极布局"双头部"策略，将母基金平台建设成为精准捕捉优秀科创企业的"高灵敏探针"，重点支持符合国家战略，具有技术领先性和独创性。而

REITs有利于盘活存量资产，通过增加基础设施价格的"锚"，从而有利于连通资本市场与基础设施市场，激发基建要素积极性。

其二，抓组织：推动资本组织模式在实践中的融合与创新，"以点带面"撬动社会资本，形成"支点＋杠杆＋组织"的协同联动。随着我国金融市场的日渐壮大和成熟，原先学习照搬华尔街的模式非但不能为日新月异的资本市场带来活力，反而造成流动性缺失、多方资本割裂、监管不严等问题。国内要超越华尔街金融模式就要从内部开始组织变革，例如园区的自组织形式以点带面，通过"金融资本化、资本基金化、基金平台化、平台股权化"落地园区；投资方式既有直接参与，也有撬动社会各方资本的间接投资模式，吸引社会资金入股，彼此形成真正的利益共享、风险共担。

其三，抓实体：加速新资本与科技事业并轨的进程，盘活存量资金与产业相嵌。自金融诞生以来，以钱生钱是金融的本性，即使穿上金融创新的"小马甲"也难以掩盖其"过度炒作"的本质。我国传统的金融市场从"炒短线""赚利差"向长期价值投资的转型还有很长的路要走。而北交所能为众多有实力的科创企业做大资金的"蓄水池"。作为"专精特新"中小企业的集聚地，2023年，北交所超七成公司研发投入同比增长，公司平均研发强度5.01%，在沪、深、北证券交易所各板块中研发强度仅次于科创板。其中，共有36家公司研发强度超10%。从专利数量看，北交所上市公司2023年新增专利2 965项，其中发明专利994项。一大批发展潜力巨大、技术过硬的科创企业乘坐"快车道"脱颖而出。

展望未来，传统金融与新资本的发展要相辅相成，叠加组织模式的变革，为我国经济持续赋能。企业的财富不仅来源于传统经营模式的利润累加，更来自产业与资本对接下新模式的利润倍增。如果说传统金融是经济稳定的磐石和根基，由此构成了第一增长曲线，那么新资本的横空出世就是对传统金融的补充，契合了科技文明下的产业升级和国家转型，为构成第二增长曲线创造了可能。因此，二者在不同时期、不同领域都对我国经济发展作出了贡献。

同时，经济新增长的替代需要时间。尽管现在新资本有国有资本大央企带头，但是未来，社会上产业资本要自己去找方式，形成新资本百花齐放的局面。今后的资本市场将通过直投等方式，借助银行、证券等金融机构的牵引，整合科技金融服务资源，实施从天使、VC、PE到产业并购的投资链布局，实现实体经济与金融资本的联动。